15분의 기적
테필린복음

15분의 기적 테필린복음 핸드북

초 판 3쇄 발행 | 2018년 7월 1일
개정판 9쇄 발행 | 2024년 4월 15일

지 은 이 | 박종신
펴 낸 이 | 박종신
펴 낸 곳 | 성경암송학교(BRS)
디 자 인 | 조성윤
교 정 | 이경실, 양미화
등 록 | 제 357-2510020114000005호(2014. 4. 10)
전 화 | (041)532-0697 / (010)3018-0693
팩 스 | (041)532-0698
홈페이지 | www.amsong.kr
인 쇄 처 | 영진문원

ISBN 979-11-9527-688-2 (03230)

※책 가격은 뒷표지에 있습니다.
※이 출판물은 저작권법에 의해 보호를 받는 저작물이므로 무단 전재와 복제를 금합니다.
※잘못 만들어진 책은 구입하신 서점에서 교환해 드립니다.

> 성경암송학교(BRS)는 복음적이고 성경적인 선교단체로서, 신명기 6장 6~7절의 말씀에 근거하여 이 땅의 모든 교회와 목회자, 그리고 성도들이 하나님의 말씀을 암송하고 그 말씀을 실천하도록 돕는 기독교 교육기관입니다.

15분의 기적
테필린복음

| **박종신** 지음 |

성경암송학교(BRS)
KOREA BIBLE RECITATION SCHOOL

프롤로그

도(道)를 닦으라

왜 인디언이 기우제를 드리면 비가 오는가

'인디언 기우제'라는 말이 있다. '인디언이 기우제를 드리면 반드시 비가 온다'는 말이다. 사실 이 말은 백인들이 인디언을 비아냥거리기 위한 것이었다. '인디언이 기우제를 드리면 비가 오는 이유는 비가 올 때까지 기우제를 드리기 때문이다'라는 말은 백인 우월주의(White supremacy)에서 흘러나온 주장이다.

그러나 그것은 잘못된 주장이다. 왜냐하면 어떤 북미 원주민으로부터도 비가 올 때까지 계속 기우제를 드린다는 말을 들어본 적이 없기 때문이다. 인디언 나바호족(Navaho)의 기우제를 수년 동안 관찰한 게리 위더스푼(Gary Witherspoon)에 의하면 모두 네 번의 기우제를 관찰했는데, 모두 12시간 이내에 비가 왔다고 한다.

인디언의 기우제와 기도의 방법을 연구한 그래그 브래든(Gregg Breden)이 쓴 「이사야 효과」라는 책에는 이런 내용이 소개되고 있다. 계속되는 가뭄 중에, 데이비드라는 인디언이 기도를 드린 후, 천둥번개가 치며, 폭우가 쏟아지는 것을 목격하고 그 데이비드라는 인디언의 인터뷰를 소개한다. 오랜 가뭄을 끝내고 비를 오게 한 데이비드의 기도, 아니 인디언 기우제의 요체는 무엇일까? 데이비드는 이렇게 말했다.

"어렸을 때 어르신들이 내게 기도의 비밀을 알려줬네. 비밀의 요체는 이런 거야. 우리와 이 세계의 힘을 이어주는 다리는 바로 우리의 마음이네. 우리의 감정과 우리의 생각이 결혼하는 것은 바로 여기, 우리의 마음이란 말이지. 기도하면서 나는 현재의 모든 것에, 그리고 과거에 일어났던 모든 것에 감사를 드렸네. 나는 황무지의 바람에게도, 대지의 뜨거운 열기에게도, 심지어 가뭄에게도. 그런 다음 나는 비가 내리는 메디슨 지역을 선택했지. 나는 눈을 감고 신성한 돌(Medicine wheel) 둘레를 돌며 비가 온다고 생각하기 시작했네. 그리고 곧 비가 내 몸을 촉촉이 적시는 것을 느끼기 시작했지. 단순히 그렇게 상상한 것이 아니라 깊은 몰입과 집중 속에서 실제로 그렇게 느낀 것이네. 그때 나는 비를 맞으며 마을의 큰 광장에 맨발로 서있었던 것 같네. 비에 젖은 땅이 내 발가락 사이로 스며드는 것을 느낄 수 있었지. 그리고 태풍 속에서 우리 마을 집의 흙벽과 지붕을 덮은 이엉에서 나는 그 비릿한 냄새를 맡을 수 있었네. 나는 마을에서 나와 비를 맞으며 가슴까지 자란 옥수수 밭 사이를 걸어갔네. 그 황홀하고 짜릿한 느낌은 뭐라 표현할 수가 없었지. 눈을 감고서 나는 그 모든 것을 느낄 수 있었네. 이것이 바로 우리가 기도하는 방식이라네. **뭔가를 원한다면 먼저 그것을 오감(五感)으로 느껴야 하네. 그래서 실제로 그것이 이루어졌을 때처럼 눈으로 보고, 귀로 듣고, 냄새를 맡고, 피부로 느껴야 하는 것일세. 그때 기도는 비로소 힘을 발휘하지.** 이것이 우리가 새로운 씨앗을 뿌리는 방식이네. 기도는 머리로 하는 것이 아니라 **온몸으로 하는 것이네.** 그래서 기도하고자 하는 내용을 먼저 온 몸으로 느껴야 한다고. 앞으로 어떤 일이 일어나게 해달라고 하는 기도는 의미가 없네. 그런 기도는 이루어지지 않는다네. 그것은 단지 바람에 지나지 않는다네. 그 바람이 이루어지게 하려면 먼저 온 몸으로 느껴야 하네. 그리고 창조에 동참할 수 있게 허락해주신 신들께 감사드려야 하네."

五感으로 말씀을 체험하라

인디언의 기우제는 단순한 바람이 아니었다. 자신의 기도가 실체가 되어 오감으로 느껴지고 온 몸으로 체험되는 기도였다. 이루어진다는 믿음의 선포였다. 이것이 힘이다. 이것이 능력이다. 아는 것만으로, 바람으로 이루어지는 것이 아니라 온몸으로 체험되어질 때 기적이 일어나는 것이다.

살아있는 하나님의 말씀은 무속적인 인디언의 기도와는 비교할 수 없이 강력하다. 그러나 하나님의 말씀을 지식적으로 아는 것은 아무런 능력이 없다. 하나님의 말씀이 오감이 되고 온몸으로 체험될 때 하나님의 말씀의 능력이 나타난다. 그 말씀이 내 마음에 새겨져야 하고 내 온몸에 체험될 때 하나님의 능력과 기적이 일어난다.

그 증거가 바로 유대인이다. 그들은 이미 알고 있는 4개의 말씀(구원, 헌신, 신앙계승, 축복)을 하루에 세 번 이상 선포한다. 죽을 때까지 그것은 반복된다. 그것이 바로 구약의 테필린(Tefillin)이다. 그 말씀이 살아날 때까지, 믿어질 때까지, 마음에 새겨질 때까지, 아니 내 삶에 기적이 일어날 때까지 그들은 4가지 말씀을 반복하고 또 반복한다.

왜 유대인들은 그런 행동을 반복할까? 미련하기 때문일까? 할 일이 없기 때문일까? 그저 습관적으로 반복하는 걸까? 아니다. 그들이 4개의 말씀을 반복하는 이유는 그것이 하나님의 명령이기 때문이다. 동시에 사람의 본분이기 때문이다. 그러나 가장 중요한 것은 4가지의 교훈을 마음에 새기고 온몸으로 체험하기 위함이다. 오감으로 말씀을 체험하기 위함이다.

테필린은 복음이다

구약의 테필린에는 4개의 말씀이 있다. 첫째는 구원의 말씀, 둘째는 헌신의 말씀, 셋째는 신앙계승의 말씀, 넷째는 축복의 말씀이다. 이것은 신약의 영적원리와도 동일하며 우리에게도 그대로 적용된다. 구원받은 사람은 영적 이스라엘 백성이며 아브라함의 후손이기 때문이다.

> 그런즉 믿음으로 말미암은 자들은 아브라함의 자손인 줄 알지어다 또 하나님이 이방을 믿음으로 말미암아 의로 정하실 것을 성경이 미리 알고 먼저 아브라함에게 복음을 전하되 모든 이방인이 너로 말미암아 복을 받으리라 하였느니라 그러므로 믿음으로 말미암은 자는 믿음이 있는 아브라함과 함께 복을 받느니라(갈 3:7-9)

이 4개의 말씀은 바로 신약의 복음과 일치한다. 그래서 이름을 '테필린복음'이라고 명명했다. 이 4개의 말씀은 구원에서 시작하여 헌신으로, 헌신에서 신앙계승으로, 그리고 신앙계승에서 복으로 연결된다. 그래서 테필린복음이다.

복음(福音, Good News, The Gospel)이란 무엇인가? 복음(福音)이란 한마디로 복(福)에 대한 메시지이다. 복으로 인도하는 메시지가 즉 복음이다. 세속적이고 비성경적인 기복주의를 논하는 것이 아니다. 성경이 말씀하는 진짜 복을 의미한다. 하나님은 첫 사람인 아담을 창조하신 후 복을 주셨다.

> 하나님이 자기 형상 곧 하나님의 형상대로 사람을 창조하시되 남자와 여자를 창조하시고 하나님이 그들에게 복을 주시며 하나님이 그들에게 이르시되 생육하고 번성하여 땅에 충만하라, 땅을 정복하라, 바다의 물고기와 하늘의 새와 땅에 움직이는 모든 생물을 다스리라 하시니라 (창 1:27-28)

그러나 아담은 하나님의 명령에 불순종한 후 이 복을 상실했다. 복 대신 저주를 받는 신세로 전락하게 되었다. 그러나 긍휼이 풍성하신 하나님은 아담이 잃어버린 복(창 3:17)을 아브라함을 통해 회복(창 12:2)시키셨다. 아브라함은 복을 회복하였고 실제로 복을 누렸고 복의 근원이 되어 유대인들에게 흘러 내려갔다.

그러나 그 복은 아브라함과 그의 후손인 유대인들에게만 해당되는 것이 아니라 믿음으로 예수 그리스도를 영접한 사람에게는 아브라함과 함께 복을 받게 된다는 것을 갈라디아서 3장은 설명하고 있는 것이다. 이제 믿음으로 구원받은 하나님의 자녀는 그 복을 받아야 하고 누려야 한다. 예수님은 우리에게 그 복의 충분한 자격을 부여하셨다.

테필린이란 무엇인가?

지금으로부터 약 3,500년 전, 하나님은 이스라엘 백성들을 위한 테필린을 준비하셨다. 하나님의 말씀을 체계적으로 마음에 새기고 그 말씀에 순종하여 복을 받게 하기 위함이었다. 동시에 2천 년 이상 나라 없이 전 세계를 헤매고 다닐 것을 아신 하나님이 그들을 위해 특별하게 준비하신 전략이다. 그것이 바로 승률 100%의 테필린이다.

테필린은 4개의 기둥으로, 구원, 헌신, 신앙계승, 축복에 대한 말씀이다. 유대인들은 어디로 가든지 이 4개의 말씀 테필린을 붙들었다. 수천 년 동안 테필린의 말씀을 선포했다. 엄청난 박해와 고난 속에서도 테필린의 말씀을 붙들고 선포했다. 그리고 테필린의 말씀은 유대인의 기적을 만들었고 세계 모든 민족 위에 뛰어나게 되었다. 이것이 바로 테필린 말씀의 능력이다.

15분의 기적

책의 제목에 '15분의 기적'이란 부제를 달았다. 왜 15분의 기적일까? 15분은 기적의 시간이기 때문이다. 하루는 24시간이다. 24시간을 분으로 산정하면 1440분이다. 하루 1440분에서 15분을 기적의 시간으로 만들라는 의미에서 15분의 기적이라는 부제를 달게 되었다. 1440분에서 15분은 하찮은 시간이다. 1425분은 자신의 시간으로 마음껏 사용할 수 있다. 일을 해도 되고, 쉬어도 되고, 음식을 먹어도 된다. 자유롭게 사용할 수 있는 시간이다.

그러나 하나님의 말씀의 능력을 위해, 내 자신이 변화되기 위해, 내

가정의 변화를 위해, 내 사업장의 변화를 위해 그리고 내가 섬기는 교회를 위해 15분의 성별된 시간이 필요하다. 15분을 성별하게 사용하는 사람이 참된 그리스도인이다. 하나님의 말씀을 사랑하는 사람이다. 하나님의 역사를 기대하는 사람이다. 자신의 성화(聖化)를 위해 몸부림치는 사람이다.

하루 15분을 성별하여 1년 365일을 지속한다면 1년에 5475분을 사용하게 될 것이다. 5475분을 시간으로 산정하면 91.25시간, 날로 산정하면 3.8일에 불과하다. 이렇게 작은 시간으로 내 인생에, 내 가정에, 내 사업장에 내가 섬기는 교회에 획기적인 변화와 부흥이 일어난다.

93 vs 400

유대인들은 구원의 말씀 10절, 헌신의 말씀 6절, 신앙계승의 말씀 6절, 그리고 축복의 말씀 9절 총 31절의 말씀을 하루에 세 번 선포한다. 하루에 총 93절의 말씀을 반복하여 선포하는 것이다. 나는 내 조국인 한국의 그리스도인들이 유대인들에게 지는 것이 싫었다. 그들보다 더 복을 받고 싶은 것이 나의 소망이며 더 나아가 하나님의 소망이라고 믿고 있다.

예수님을 믿어 하나님의 자녀가 된 사람들이 빌빌거리고 세상 사람들보다 못하다는 평가를 받는 것이 싫다. 가난하고, 병들고, 초라하고, 조롱거리가 되는 것은 하나님의 뜻이 아니다.

한국의 그리스도인들은 유대인들보다 훨씬 좋은 위치에 있으며 더 큰 복을 누려야 할 특권을 가지고 있다. 그들은 구약의 하나님만 믿지만 우리는 성부, 성자, 성령 하나님을 믿는다. 그들은 구약성경만 믿지만 우리는 구약은 물론 신약까지도 믿는다.

그래서 400절의 말씀을 엄선했다. 구원의 말씀 100절, 헌신의 말씀 100절, 신앙계승의 말씀 100절, 축복의 말씀 100절을 엄선하여 유대인의 테필린 형식으로 선포하기로 하되, 율법이 아닌 신약의 구속사적인 관점에서 구약과 신약의 말씀을 엄선했다. 이 말씀으로 한국의 그리스도인들이 유대인을 넘어 세계 모든 민족 위에 뛰어나게 하시는 복을 누리게 될 것을 확신한다.

하루에 400절을 다 할 수 없기에 매일 주제를 바꿔 가며 선포할 수 있도록 했다. 지루하지 않기 위해서 각 말씀에 질문을 넣었다. 질문에 말씀으로 답변할 수 있도록 하여 모든 질문에 대해 성경적 답변을 할 수 있도록 제시했다. 그렇게 해서 걸리는 시간이 15분이다. 하루에 15분이면 100절의 말씀을 선포할 수 있도록 했다.

지난 5년을 통해 테필린의 말씀을 전국의 교회와 목회자, 그리고 성도들에게 소개하고 실천하도록 했다. 그랬더니 놀라운 일들이 나타났다. 기적이 일어나기 시작했다. 능력과 부흥의 역사를 체험하는 사람들이 나타나기 시작했다. 제주도를 비롯한 열방에서부터 말씀을 선포하는 곳곳마다 간증이 넘쳐나기 시작했다. 미국, 호주, 일본과 캄보디아를 비롯한 선교지에서도 테필린복음을 선포하는 가운데 기적을 체험했다. 테필린복음은 살아있는 하나님의 말씀이기 때문이다. 임상을 통해 얻은 [테필린복음의 10대 효과]를 소개한다.

1. 테필린복음은 사람의 생각이나 인본주의가 개입되지 않은 순도

100%의 하나님의 말씀으로 큰소리로 선포하면 육신의 질병이 치료되고 내적치유가 이루어진다.

2. 테필린복음을 선포하면 나를 사로잡고 있는 죄성, 악한 생각, 상처, 욕심, 부정적인 생각들이 깨끗하게 씻어진다.(사 1:18)

3. 테필린복음을 가정에서 선포하면 하나님의 복이 임하고 저주가 떠나간다.

4. 테필린복음을 교회에서 선포하면 교회의 부흥이 일어나고 전도의 문이 열린다.

5. 테필린복음을 사업장에서 선포하면 사업이 평탄하고 형통해진다.

6. 테필린복음을 선포하면 귀신이 떠나가고 모든 악재(惡材)들이 사라진다.

7. 테필린복음을 자녀들이 선포하면 언어습득능력, 집중력, 기억력, 해석력이 최대 100배까지 향상되며 신앙, 인성, 공부의 영재로 성장하게 된다.

8. 테필린복음을 1년 이상 선포하면 매년 최소 10명 이상을 전도하게 되며 전도왕이 탄생된다.

9. 테필린복음은 구원, 헌신, 신앙계승, 축복의 400절 말씀을 마음에 새기고 암송하게 된다.

10. 테필린복음을 선포하면 성도들의 물질문제들이 해결되고 교회재정이 배로 증가한다.

마귀가 먼저 알고 훼방한다

테필린복음을 선포하면 가장 먼저 역사하는 것이 마귀이다. 마귀는 어떻게 해서든지 하나님의 말씀을 선포하지 못하게 하려고 온갖 방해공작을 벌인다. 갑자기 바빠진다든지, 가벼운 사고가 일어나게 한다든지, 아프다든지, 주위의 환경을 바뀌게 하든지, 허무하거나 무기력한 마음을 갖게 한다든지, 마음을 산란하게 한다든지 온갖 방법으로 테필린복음 선포를 방해한다.

처음 테필린복음을 선포할 때 눈에 보일 정도로 마귀의 역사가 크게 나타난다. 마귀가 가장 싫어하는 것은 바로 하나님의 말씀을 선포하는 것이기 때문이다. 마귀는 이미 예수님과의 시험에서 '기록되었으되'라는 말씀선포에 무릎을 꿇은 전력을 갖고 있다.

이에 예수께서 말씀하시되 사탄아 물러가라 기록되었으되 주 너의 하나님께 경배하고 다만 그를 섬기라 하였느니라 이에 마귀는 예수를 떠나고 천사들이 나아와서 수종드니라(마 4:10-11)

절대로 굴복하지 말라. 마귀는 온갖 방법으로 공격해 올 것이다. 마귀가 말씀선포를 싫어하는 절대적인 이유는 하나님의 말씀의 능력을 먼저 알기 때문이다. 마귀의 온갖 공격을 말씀과 기도로 대적하라. 마귀가 역사하지 못하도록 선포하라. 공중의 권세 잡은 마귀가 발악을 할 것이다. 자신이 권세 잡고 있는 공간을 빼앗기기 때문에 최후의 발악을 할 것이다.

그러나 두려워하지 말라. 두려워서 중단한다면 그때부터 마귀의 밥이 될 것이다. 죽도록 테필린복음을 선포하라. 아니 죽을 때까지 선포하라. 테필린복음 선포 전후에 기도로 하나님의 능력을 구하라. 마귀가 권세잡고 있던 공간에서 힘없이 떠나가고 성령이 역사하시는 공간으로 지각 변동하는 것을 눈으로 목격하게 될 것이다. 마귀가 떠나가는 즉시 하나님의 역사와 기적이 일어난다.

마귀를 대적하라 그리하면 너희를 피하리라(약 4:7)

말씀을 살려내라

앞에서 소개한 인디언들의 기도는 단순한 바람이 아니었다. 자신의 기도가 실체가 되어 오감으로 느껴지고 온 몸으로 체험되는 기도였다. 이루어진다는 믿음의 선포였다. 결과 그들은 비가 오는 응답을 받았다. 아는 것만으로, 바람으로 이루어지는 것이 아니라 온몸으로 체험되어질 때 기적이 일어나는 것을 보여준 사 이다.

우리도 마찬가지이다. 하나님의 말씀을 아는 것만으로, 바람으로 우리는 아무 것도 얻을 수 없다. 하나님의 말씀이 온몸으로 체험되어지고 오감으로 느껴야 한다. 하나님의 말씀이 믿어질 때까지 선포해야 한다. 인디언이 기우제를 드리면 비가 내리는 것처럼 그 말씀을 마음에 새겨야 한다.

우리가 진정 성경이 하나님의 말씀이라고 믿는다면 우리는 그 말씀을 살려낼 필요가 있다. 성경책을 들고 다닌다고 해서 능력이 나타나는 것이 아니다. 성경은 분명한 하나님의 말씀이지만 그 하나님의 말씀이 기록된 말씀 곧 죽은 활자에 불과하기 때문이다. 루터는 말하기를 '기절한 하나님의 말씀'이라고 표현했다.

따라서 우리는 그 죽은 활자 또 기절한 말씀을 살려내야 한다. 말씀을 살려내는 방법은 그 말씀을 반복하여 선포하는 것이다. 그리고 그 말씀을 마음에 새기는 것이다. 하나님의 말씀은 생명력 있는 말씀이다. 하나님의 말씀을 선포할 때 그때 하나님의 말씀이 살아나며 생명력을 갖고 활력이 생기게 될 것이다. 우리는 하나님의 말씀을 살려내기 위해 위해 온몸과 마음에 새겨질 때까지 반복해서 선포해야 한다.

어느 발레리나는 이렇게 말했다고 한다. "하루를 쉬면 본인이 알고, 이틀을 쉬면 동료가 알고, 삼일 쉬면 관객이 안다" 그렇다. 모든 능력은 반복에서 나온다. 모든 반복이 다 훌륭하지만 세상에서 가장 위대하고 거룩한 반복은 바로 하나님의 말씀을 반복하는 것이다. 그때 하나님의 말씀이 실체가 되어 오감으로 느껴지고 온몸으로 체험되는 생명이 될 것이다.

그리스도인이 된다는 것은 도인(道人)이 된다는 것을 의미한다. 도인이란 '진리의 사람'을 의미한다. 도인이 되기 위해선 도를 갈고 닦아 내공(內攻)을 쌓아야 한다. 내공의 깊이에 따라 승부가 결정되기 때문이다. 도를 닦는 것은 스님의 몫이 아닌 그리스도인의 몫이다. "내가 곧 길(道)이요"(요 14:6)이라고 하신 예수님을 따라가는 길이다.

도를 닦자

교인들이 가장 신뢰하는 설교는 유창한 설교가 아니라 성경암송을 바탕으로 한 설교이다. 성경암송은 표절할 수 없다. 성경암송을 했다는 것은 그만큼 말씀에 충실하다는 것을 의미한다. 어눌하고 화려하지 않아도 암송한 말씀을 적재적소에 사용하는 설교는 100점 만점에 100점이다. 교인들이 원하는 설교는 바로 기본에 충실한 설교이다. 오색찬란한 메시지는 다른 인터넷 매체에서 접할 수 있다.

  도를 닦으라. 성경을 읽고 또 읽고, 암송하고 또 암송하고, 선포하고 또 선포하라 이보다 더 훌륭한 일은 없다. 도를 닦아 내공을 키우라. 하나님의 말씀을 마음에 새기는 것은 그리 어렵지 않다. 다른 것을 포기하고 말씀에 집중하면 된다. 설교자는 연예인도, 벼룩시장도 아닌 말씀전문가이다. 오직 말씀으로 도를 닦으라. 닦고 또 닦아 빛이 날 때까지 닦자. 그러면 사람들이 당신의 설교에 귀를 기울일 것이다.

400절의 말씀은 기본이다

  모든 분야에는 기본(基本)이라는 것이 있다. 기본의 사전적 의미는 "어떤 것을 이루기 위해 가장 먼저, 또는 꼭 있어야 하는 것"이다. 여기에 있는 테필린복음 400절의 말씀은 그리스도인이 가장 먼저, 또는 꼭 있어야 하는 말씀들이다. 테필린복음 400절의 말씀은 그리스도인 사역자라면 누구나 알아야 하고 암송해야 하는 말씀이다.

  가장 기본적인 400절의 말씀을 암송하지 못하는 사람이 설교자가 되면 그 교회는 망할 수밖에 없다. 400절의 말씀을 암송하지 못하는 사람이 교사가 되면 학생들의 신앙은 파괴될 수밖에 없다. 400절을 암송하지 못하는 사람이 전도자가 되면 전도의 열매는 없을 수밖에 없다. 400

절의 말씀을 암송하지 못하는 사람이 목자가 되면 목장이 무너질 수밖에 없다. 400절을 암송하지 못하는 사람이 가정의 제사장이 되면 자녀들의 신앙계승 명령은 자동적으로 폐기될 것이다. 기본이 없기 때문이다.

　신명기 6장 6절에 나오는 '마음에 새기고'의 히브리어는 레바브(lebab)이다. 레바브는 '마음'을 의미한다. 반복은 방법이고 선포는 과정이며 복은 결과이다. 하나님의 말씀을 마음에 새기는 암송이 나 자신은 물론 가정과 교회, 사업장에 기적을 일으킬 것을 확신한다.

테필린복음의 능력을 날마다 체험하는 박 종 신 목사

※ YouTube 에서 함께 선포할 수 있습니다. 유튜브(성경암송학교TV)에 있습니다.

차 례

프롤로그 _ 4

1 구원의 말씀 _ 23
모든 사람은 죄인이다 | 죄의 값은 사망이다 | 예수님이 오신 이유 | 하나님의 어린 양 예수 그리스도 | 확신의 말씀

2 헌신의 말씀 _ 51
왜 헌신해야 하는가? | 어떻게 헌신할 것인가? | 삶을 통한 헌신의 말씀 | 모든 것은 하나님의 것이다 | 교회생활

3 신앙계승의 말씀 _ 75
수평적 신앙계승(전도자의 심정) | 수평적 신앙계승(전도의 사명) | 수직적 신앙계승(자녀교육) | 신앙계승의 내용 | 잠언의 말씀

4 축복의 말씀 _ 97
하나님의 복의 말씀 | 복의 조건 | 복을 받은 사람들 | 그리스도인이 받는 복 | 그리스도인의 승리의 비결

Tefillin Gospel Handbook

테필린복음 언약

여호와께서 이르시되 내가 그들과 세운 나의 언약이 이러하니
곧 네 위에 있는 나의 영과 네 입에 둔 나의 말이 이제부터 영원하도록
네 입에서와 네 후손의 입에서와 네 후손의 후손의 입에서 떠나지 아니하리라 하시니라
여호와의 말씀이니라(이사야 59:21)

여호수아 1:8 이 율법책을 네 입에서 떠나지 말게 하며 주야로 그것을 묵상하여 그 안에 기록된 대로 다 지켜 행하라 그리하면 네 길이 평탄하게 될 것이며 네가 형통하리라

역대상 16:23-24 온 땅이여 여호와께 노래하며 그의 구원을 날마다 선포할지어다 그의 영광을 모든 민족 중에, 그의 기이한 행적을 만민 중에 선포할지어다

시편 9:11 너희는 시온에 계신 여호와를 찬송하며 그의 행사를 백성 중에 선포할지어다

시편 40:10 내가 주의 공의를 내 심중에 숨기지 아니하고 주의 성실과 구원을 선포하였으며 내가 주의 인자와 진리를 많은 회중 가운데에서 감추지 아니하였나이다

예레미야 9:12 지혜가 있어서 이 일을 깨달을 만한 자가 누구며 여호와의 입의 말씀을 받아서 선포할 자가 누구인고 이 땅이 어찌하여 멸망하여 광야 같이 불타서 지나가는 자가 없게 되었느냐

예레미야 11:6-7 여호와께서 내게 이르시되 너는 이 모든 말로 유다 성읍들과 예루살렘 거리에서 선포하여 이르기를 너희는 이 언약의 말을 듣고 지키라 내가 너희 조상들을 애굽 땅에서 인도하여 낸 날부터 오늘까지 간절히 경계하며 끊임없이 경계하기를 너희는 내 목소리를 순종하라 하였으나

예레미야 20:9 내가 다시는 여호와를 선포하지 아니하며 그의 이름으로 말하지 아니하리라 하면 나의 마음이 불붙는 것 같아서 골수에 사무치니 답답하여 견딜 수 없나이다

로마서 10:9-10 네가 만일 네 입으로 예수를 주로 시인하며 또 하나님께서 그를 죽은 자 가운데서 살리신 것을 네 마음에 믿으면 구원을 받으리라 사람이 마음으로 믿어 의에 이르고 입으로 시인하여 구원에 이르느니라

로마서 15:6 한마음과 한 입으로 하나님 곧 우리 주 예수 그리스도의 아버지께 영광을 돌리게 하려 하노라

빌립보서 2:11 모든 입으로 예수 그리스도를 주라 시인하여 하나님 아버지께 영광을 돌리게 하셨느니라

디모데후서 4:17 주께서 내 곁에 서서 나에게 힘을 주심은 나로 말미암아 선포된 말씀이 온전히 전파되어 모든 이방인이 듣게 하려 하심이니 내가 사자의 입에서 건짐을 받았느니라

베드로전서 2:9 그러나 너희는 택하신 족속이요 왕 같은 제사장들이요 거룩한 나라요 그의 소유가 된 백성이니 이는 너희를 어두운 데서 불러내어 그의 기이한 빛에 들어가게 하신 이의 아름다운 덕을 선포하게 하려 하심이라

테필린복음 구호
Tefillin Gospel Motto

내가 구원받아야 하고,
내가 헌신해야 하고,
내가 신앙계승해야 하고,
내가 복을 받아야 한다.
아멘! 아멘!

테필린복음 선포기도문

하나님 아버지, 테필린복음을 선포할 때 하나님이 주시는 완전한 진리를 성령님을 통해 밝히 알게 하여 주시기를 원합니다. '하나님의 말씀이 네 입에 있게 하라'는 말씀에 의지하여 이 시간 테필린복음을 선포합니다. 사탄의 방해를 막아주시고 말씀으로 승리하게 하옵소서. 말씀을 선포하는 가운데 하나님의 음성을 듣게 하시고, 성령의 임재를 체험하게 하시고, 기쁨이 충만하게 하옵소서. 중도에 포기하지 않도록 지켜주시고, 선포 중 잡념에 사로잡히지 않도록 지켜주옵소서. 테필린복음이 전국 방방곡곡에서 선포되게 하시고 더 나아가 이민교회와 선교사님들도 함께 선포하는 가운데 사탄의 역사가 제한되고 승리의 찬가가 넘치게 하시고 부흥이 일어나게 하옵소서. 예수님의 이름으로 기도합니다. 아멘.

너희는 이전 일을 기억하지 말며 옛날 일을 생각하지 말라 보라 내가 새 일을 행하리니 이제 나타낼 것이라 너희가 그것을 알지 못하겠느냐 반드시 내가 광야에 길을 사막에 강을 내리니 장차 들짐승 곧 승냥이와 타조도 나를 존경할 것은 내가 광야에 물을, 사막에 강들을 내어 내 백성, 내가 택한 자에게 마시게 할 것임이라 (사 43:18~20)

우리는 수많은 사람들처럼 하나님의 말씀을 혼잡하게 하지 아니하고 곧 순전함으로 하나님께 받은 것 같이 하나님 앞에서와 그리스도 안에서 말하노라 (고후 2:17)

01 구원의 말씀

출애굽기 13장 1-10절(Kaddesh Li 구원의 말씀 SALVATION)

1 여호와께서 모세에게 일러 이르시되 2 이스라엘 자손 중에서 사람이나 짐승을 막론하고 태에서 처음 난 모든 것은 다 거룩히 구별하여 내게 돌리라 이는 내 것이니라 하시니라 3 모세가 백성에게 이르되 너희는 애굽 곧 종 되었던 집에서 나온 그 날을 기념하여 유교병을 먹지 말라 여호와께서 그 손의 권능으로 너희를 그 곳에서 인도해 내셨음이니라 4 아빕월 이 날에 너희가 나왔으니 5 여호와께서 너를 인도하여 가나안 사람과 헷 사람과 아모리 사람과 히위 사람과 여부스 사람의 땅 곧 네게 주시려고 네 조상들에게 맹세하신 바 젖과 꿀이 흐르는 땅에 이르게 하시거든 너는 이 달에 이 예식을 지켜 6 이레 동안 무교병을 먹고 일곱째 날에는 여호와께 절기를 지키라 7 이레 동안에는 무교병을 먹고 유교병을 네게 보이지 아니하게 하며 네 땅에서 누룩을 네게 보이지 아니하게 하라 8 너는 그 날에 네 아들에게 보여 이르기를 이 예식은 내가 애굽에서 나올 때에 여호와께서 나를 위하여 행하신 일로 말미암음이라 하고 9 이것으로 네 손의 기호와 네 미간의 표를 삼고 여호와의 율법이 네 입에 있게 하라 이는 여호와께서 강하신 손으로 너를 애굽에서 인도하여 내셨음이니 10 해마다 절기가 되면 이 규례를 지킬지니라

15분의 기적 테필린복음의 15분 사용법

1. 테필린복음을 선포하기 위해 매일 기적의 15분을 만들라.
2. 테필린복음을 선포하기 전후에 '반드시 이루어지리라'고 믿고 기도해야 한다.
3. 테필린복음을 교회에서 선포할 때 인도자가 큰 소리로 질문하면 성도들은 큰소리로 해당 말씀으로 답변한다. 2인 1조나 개인적으로 할 때도 방법은 같다.
4. 테필린복음을 선포할 때 장, 절을 뒤에 붙이고 아멘 아멘으로 고백하라. 말씀의 출처는 말씀만큼 중요하다.
5. 테필린복음은 총 4개의 주제로 되어 있어서 다음과 같이 사용할 수 있다.
    월요일: 구원의 말씀, 화요일: 헌신의 말씀, 수요일: 신앙계승의 말씀, 목요일: 구원의 말씀, 금요일: 헌신의 말씀, 토요일: 신앙계승의 말씀, 주일: 축복의 말씀
6. 테필린복음은 개인, 일대일, 소그룹, 중그룹, 대그룹이 모두 가능하도록 꾸며졌다.
7. 테필린복음은 결석이나 지각없이 성실하게 훈련에 임해야 한다.
8. 테필린복음의 시한은 없으며 400절 말씀의 암송 후에도 선포는 계속되어야 한다.
9. 테필린복음을 교회와 가정에서 잘 활용하기 위해서는 가능한 15분의 기적 테필린복음 전문강사세미나에 참여하도록 한다.
10. 테필린복음의 최종목적은 하나님의 말씀에 순종하여 복을 받기 위함이다.

- 주께서 하신 말씀이 반드시 이루어지리라고 믿은 그 여자에게 복이 있도다 (누가복음 1:45)
- 온 땅이여 여호와께 노래하며 그의 구원을 날마다 선포할지어다 그의 영광을 모든 민족 중에, 그의 기이한 행적을 만민 중에 선포할지어다(역대상 16:23-24)

모든 사람은 죄인이다

01
Tefillin

1. 세상에 의인이 있습니까?

전도서 7:20

20 선을 행하고 전혀 죄를 범하지 아니하는 의인은 세상에 없기 때문이로다 (전 7:20)

---

2. 그럼 당신은 어떤 사람입니까?

로마서 3:23

23 모든 사람이 죄를 범하였으매 하나님의 영광에 이르지 못하더니 (롬 3:23)

3-4. 당신은 죄가 무엇이라고 생각하십니까?

요한복음 16:8-9

8 그가 와서 죄에 대하여, 의에 대하여, 심판에 대하여 세상을 책망하시리라 9 죄에 대하여라 함은 그들이 나를 믿지 아니함이요 (요 16:8-9)

5. 죄는 무엇입니까?

요한일서 3:4

4 죄를 짓는 자마다 불법을 행하나니 죄는 불법이라 (요일 3:4)

---

6. 선을 행하지 않는 것도 죄가 됩니까?

야고보서 4:17

17 그러므로 사람이 선을 행할 줄 알고도 행하지 아니하면 죄니라(약 4:17)

7-9. 사람에 대한 성경적 입장은 무엇입니까?

로마서 3:10-12

10 기록된 바 의인은 없나니 하나도 없으며 11 깨닫는 자도 없고 하나님을 찾는 자도 없고 12 다 치우쳐 함께 무익하게 되고 선을 행하는 자는 없나니 하나도 없도다 (롬 3:10-12)

10-11. 당신은 어떤 사람입니까?

예레미야 17:9-10

9 만물보다 거짓되고 심히 부패한 것은 마음이라 누가 능히 이를 알리요마는 10 나 여호와는 심장을 살피며 폐부를 시험하고 각각 그의 행위와 그의

행실대로 보응하나니 (렘 17:9-10)

12. 죄는 어떤 결과를 가져왔습니까?

이사야 59:2

2 오직 너희 죄악이 너희와 너희 하나님 사이를 갈라놓았고 너희 죄가 그의 얼굴을 가리어서 너희에게서 듣지 않으시게 함이니라 (사 59:2)

13. 죄를 범한 사람은 어디로 들어갑니까?

마태복음 25:46

46 그들은 영벌에, 의인은 영생에 들어가리라 하시니라 (마 25:46)

14-16. 예수님을 '주여 주여'라고 하는 자마다 다 천국에 들어갑니까?

마태복음 7:21-23

21 나더러 주여 주여 하는 자마다 다 천국에 들어갈 것이 아니요 다만 하늘에 계신 내 아버지의 뜻대로 행하는 자라야 들어가리라 22 그 날에 많은 사람이 나더러 이르되 주여 주여 우리가 주의 이름으로 선지자 노릇 하며 주의 이름으로 귀신을 쫓아 내며 주의 이름으로 많은 권능을 행하지 아니하였나이까 하리니 23 그 때에 내가 그들에게 밝히 말하되 내가 너희를 도무지 알지 못하니 불법을 행하는 자들아 내게서 떠나가라 하리라 (마 7:21-23)

# 죄의 값은 사망이다

17. 죄의 값은 무엇입니까?

로마서 6:23

23 죄의 삯은 사망이요 하나님의 은사는 그리스도 예수 우리 주 안에 있는 영생이니라 (롬 6:23)

---

18. 자신의 죄를 누가 담당해야 합니까?

에스겔 18:20

20 범죄하는 그 영혼은 죽을지라 아들은 아버지의 죄악을 담당하지 아니할 것이요 아버지는 아들의 죄악을 담당하지 아니하리니 의인의 공의도 자기에게로 돌아가고 악인의 악도 자기에게로 돌아가리라 (겔 18:20)

---

19. 천하보다 귀한 것이 무엇입니까?

마태복음 16:26

26 사람이 만일 온 천하를 얻고도 제 목숨을 잃으면 무엇이 유익하리요 사람이 무엇을 주고 제 목숨과 바꾸겠느냐 (마 16:26)

20. 사람에게 죽음과 심판이 있다는 분명한 사실을 아십니까?

히브리서 9:27

27 한번 죽는 것은 사람에게 정해진 것이요 그 후에는 심판이 있으리니 (히 9:27)

21-24. 당신의 이름이 생명책에 기록되어 있습니까?

요한계시록 20:12-15

12 또 내가 보니 죽은 자들이 큰 자나 작은 자나 그 보좌 앞에 서 있는데 책들이 펴 있고 또 다른 책이 펴졌으니 곧 생명책이라 죽은 자들이 자기 행위를 따라 책들에 기록된 대로 심판을 받으니 13 바다가 그 가운데에서 죽은 자들을 내주고 또 사망과 음부도 그 가운데에서 죽은 자들을 내주매 각 사람이 자기의 행위대로 심판을 받고 14 사망과 음부도 불못에 던져지니 이것은 둘째 사망 곧 불못이라 15 누구든지 생명책에 기록되지 못한 자는 불못에 던져지더라 (계 20:12-15)

25-26. 지옥은 어떤 곳입니까?

마가복음 9:48-49

48 거기에서는 구더기도 죽지 않고 불도 꺼지지 아니하느니라 49 사람마다 불로써 소금 치듯 함을 받으리라 (막 9:48-49)

27-30. 지옥은 어떤 곳입니까?

누가복음 16:23-26

23 그가 음부에서 고통 중에 눈을 들어 멀리 아브라함과 그의 품에 있는 나사로를 보고 24 불러 이르되 아버지 아브라함이여 나를 긍휼히 여기사 나사로를 보내어 그 손가락 끝에 물을 찍어 내 혀를 서늘하게 하소서 내가 이 불꽃 가운데서 괴로워하나이다 25 아브라함이 이르되 얘 너는 살았을 때에 좋은 것을 받았고 나사로는 고난을 받았으니 이것을 기억하라 이제 그는 여기서 위로를 받고 너는 괴로움을 받느니라 26 그뿐 아니라 너희와 우리 사이에 큰 구렁텅이가 놓여 있어 여기서 너희에게 건너가고자 하되 갈 수 없고 거기서 우리에게 건너 올 수도 없게 하였느니라 (눅 16:23-26)

예수님이 오신 이유

03
Tefillin

그러나 하나님은 여전히 우리를 사랑하시기에 우리와 하나님과의 관계를 회복하도록 예수님을 보내주셨습니다.

31. 당신에게 예수님은 누구십니까?

마태복음 16:16

16 시몬 베드로가 대답하여 이르되 주는 그리스도시요 살아 계신 하나님의 아들이시니이다(마 16:16)

32. 예수님이 세상에 오신 목적이 무엇입니까?

요한복음 10:10

10 도둑이 오는 것은 도둑질하고 죽이고 멸망시키려는 것뿐이요 내가 온 것은 양으로 생명을 얻게 하고 더 풍성히 얻게 하려는 것이라 (요 10:10)

33. 예수님이 세상에 오신 이유는 무엇입니까?

마태복음 1:21

21 아들을 낳으리니 이름을 예수라 하라 이는 그가 자기 백성을 그들의

죄에서 구원할 자이심이라 하니라 (마 1:21)

34-36. 예수님은 누구를 위해 고난을 당하셨습니까?

이사야 53:4-6

4 그는 실로 우리의 질고를 지고 우리의 슬픔을 당하였거늘 우리는 생각하기를 그는 징벌을 받아 하나님께 맞으며 고난을 당한다 하였노라 5 그가 찔림은 우리의 허물 때문이요 그가 상함은 우리의 죄악 때문이라 그가 징계를 받으므로 우리는 평화를 누리고 그가 채찍에 맞으므로 우리는 나음을 받았도다 6 우리는 다 양 같아서 그릇 행하여 각기 제 길로 갔거늘 여호와께서는 우리 모두의 죄악을 그에게 담당시키셨도다 (사 53:4-6)

37-38. 하나님이 독생자 예수님을 보내신 목적은 무엇입니까?

요한복음 3:16-17

16 하나님이 세상을 이처럼 사랑하사 독생자를 주셨으니 이는 그를 믿는 자마다 멸망하지 않고 영생을 얻게 하려 하심이라 17 하나님이 그 아들을 세상에 보내신 것은 세상을 심판하려 하심이 아니요 그로 말미암아 세상이 구원을 받게 하려 하심이라 (요 3:16-17)

39-40. 한 의로운 행위로 어떤 결과가 발생했습니까?

로마서 5:18-19

18 그런즉 한 범죄로 많은 사람이 정죄에 이른 것 같이 한 의로운 행위로 말미암아 많은 사람이 의롭다 하심을 받아 생명에 이르렀느니라 19 한 사람이 순종하지 아니함으로 많은 사람이 죄인 된 것 같이 한 사람이 순종하심으로 많은 사람이 의인이 되리라 (롬 5:18-19)

41-42. 예수님이 오신 것은 우연입니까?

고린도전서 15:3-4

3 내가 받은 것을 먼저 너희에게 전하였노니 이는 성경대로 그리스도께서 우리 죄를 위하여 죽으시고 4 장사 지낸 바 되셨다가 성경대로 사흘 만에 다시 살아나사 (고전 15:3-4)

04 하나님의 어린양 예수 그리스도

43-46. 왜 어린 양이 대신 죽어야만 했습니까?

레위기 4:32-35

32 그가 만일 어린 양을 속죄제물로 가져오려거든 흠 없는 암컷을 끌어다가 33 그 속죄제 제물의 머리에 안수하고 번제물을 잡는 곳에서 속죄제물로 잡을 것이요 34 제사장은 그 속죄제물의 피를 손가락으로 찍어 번제단 뿔들에 바르고 그 피는 전부 제단 밑에 쏟고 35 그 모든 기름을 화목제 어린 양의 기름을 떼낸 것 같이 떼어내 제단 위 여호와의 화제물 위에서 불사를지니 이같이 제사장이 그가 범한 죄에 대하여 그를 위하여 속죄한즉 그가 사함을 받으리라 (레 4:32-35)

47. 생명은 어디에 있습니까?

레위기 17:11

11 육체의 생명은 피에 있음이라 내가 이 피를 너희에게 주어 제단에 뿌려 너희의 생명을 위하여 속죄하게 하였나니 생명이 피에 있으므로 피가 죄를 속하느니라 (레 17:11)

48. 왜 피를 흘려야 합니까?

히브리서 9:22

22 율법을 따라 거의 모든 물건이 피로써 정결하게 되나니 피흘림이 없은즉 사함이 없느니라 (히 9:22)

---

49. 세례(침례)요한은 예수님을 어떻게 묘사했습니까?

요한복음 1:29

29 이튿날 요한이 예수께서 자기에게 나아오심을 보고 이르되 보라 세상 죄를 지고 가는 하나님의 어린 양이로다 (요 1:29)

---

50. 영원한 속죄가 무엇입니까?

히브리서 9:12

12 염소와 송아지의 피로 하지 아니하고 오직 자기의 피로 영원한 속죄를 이루사 단번에 성소에 들어가셨느니라 (히 9:12)

---

51. 예수님은 왜 죽어야만 했습니까?

베드로전서 2:24

24 친히 나무에 달려 그 몸으로 우리 죄를 담당하셨으니 이는 우리로 죄에 대하여 죽고 의에 대하여 살게 하려 하심이라 그가 채찍에 맞음으로 너희는 나음을 얻었나니 (벧전 2:24)

52-53. 우리가 대속함을 받을 수 있는 근거는 무엇입니까?

베드로전서 1:18-19

18 너희가 알거니와 너희 조상이 물려 준 헛된 행실에서 대속함을 받은 것은 은이나 금 같이 없어질 것으로 된 것이 아니요 19 오직 흠 없고 점 없는 어린 양 같은 그리스도의 보배로운 피로 된 것이니라 (벧전 1:18-19)

영접기도

사랑의 하나님!

저는 죄인입니다. 지금까지 저는 하나님의 말씀이 아닌 제 나름대로 의롭다고 믿고 살아왔습니다. 오늘 하나님의 말씀에 비추어 제 자신이 추악한 죄인임을 깨닫습니다. 지금까지 알고 지은 죄, 모르고 지은 모든 죄를 회개합니다. 그동안 지은 죄를 애통하게 여기며 십자가 앞에 내어놓습니다. 저의 죄를 용서해 주옵소서.

예수님이 저의 죄 때문에 십자가에서 죽으시고, 저를 의롭게 하시기 위해 부활하신 것을 믿습니다. 지금 이 시간, 제 마음의 문을 열고 예수님을 영접합니다. 지금 제 마음에 들어오셔서 저의 구세주와 주님이 되어 주세요.

이제부터 하나님 앞에 서는 그날까지 예수님을 나의 구세주와 주님으로 모시고 살겠습니다. 예수님의 이름으로 기도합니다. 아멘.

확신의 말씀

참으로 죄를 애통하게 여기며 회개하고 예수님을 나의 구주와 주님으로 영접하신 분들에게 하나님은 이렇게 말씀하십니다.

54. 예수님을 영접하면 어떤 권세가 주어집니까?

요한복음 1:12

12 영접하는 자 곧 그 이름을 믿는 자들에게는 하나님의 자녀가 되는 권세를 주셨으니 (요 1:12)

---

55. 예수님을 영접하면 우리의 죄는 어떻게 됩니까?

시편 103:12

12 동이 서에서 먼 것 같이 우리의 죄과를 우리에게서 멀리 옮기셨으며 (시 103:12)

---

56. 하나님은 구원받은 자녀를 어떻게 생각하십니까?

이사야 49:15

15 여인이 어찌 그 젖 먹는 자식을 잊겠으며 자기 태에서 난 아들을 긍휼히 여기지 않겠느냐 그들은 혹시 잊을지라도 나는 너를 잊지 아니할

것이라 (사 49:15)

57. 하나님이 보내신 자를 믿는 사람은 어떻게 됩니까?

요한복음 5:24

24 내가 진실로 진실로 너희에게 이르노니 내 말을 듣고 또 나 보내신 이를 믿는 자는 영생을 얻었고 심판에 이르지 아니하나니 사망에서 생명으로 옮겼느니라 (요 5:24)

58. 하나님은 죄에 대해 어떻게 생각하십니까?

이사야 43:25

25 나 곧 나는 나를 위하여 네 허물을 도말하는 자니 네 죄를 기억하지 아니하리라 (사 43:25)

59. 선지자들은 예수님의 이름을 힘입어 어떻게 된다고 했습니까?

사도행전 10:43

43 그에 대하여 모든 선지자도 증언하되 그를 믿는 사람들이 다 그의 이름을 힘입어 죄 사함을 받는다 하였느니라 (행 10:43)

믿음으로 얻어지는 결과들

60-61. 그 아들 안에서 얻게 되는 것이 무엇입니까?

골로새서 1:13-14

13 그가 우리를 흑암의 권세에서 건져내사 그의 사랑의 아들의 나라로 옮기셨으니 14 그 아들 안에서 우리가 속량 곧 죄 사함을 얻었도다 (골 1:13-14)

62-66. 어떻게 의롭다 함을 얻게 되었습니까?

로마서 3:24-28

24 그리스도 예수 안에 있는 속량으로 말미암아 하나님의 은혜로 값없이 의롭다 하심을 얻은 자 되었느니라 25 이 예수를 하나님이 그의 피로써 믿음으로 말미암는 화목제물로 세우셨으니 이는 하나님께서 길이 참으시는 중에 전에 지은 죄를 간과하심으로 자기의 의로우심을 나타내려 하심이니 26 곧 이 때에 자기의 의로우심을 나타내사 자기도 의로우시며 또한 예수 믿는 자를 의롭다 하려 하심이라 27 그런즉 자랑할 데가 어디냐 있을 수가 없느니라 무슨 법으로냐 행위로냐 아니라 오직 믿음의 법으로니라 28 그러므로 사람이 의롭다 하심을 얻는 것은 율법의 행위에 있지 않고 믿음으로 되는 줄 우리가 인정하노라 (롬 3:24-28)

67. 믿음으로 얻게 되는 특권은 무엇입니까?

갈라디아서 3:26

26 너희가 다 믿음으로 말미암아 그리스도 예수 안에서 하나님의 아들이 되었으니 (갈 3:26)

---

68. 우리의 구원의 조건은 무엇이었습니까?

디도서 3:5

5 우리를 구원하시되 우리가 행한 바 의로운 행위로 말미암지 아니하고 오직 그의 긍휼하심을 따라 중생의 씻음과 성령의 새롭게 하심으로 하셨나니 (딛 3:5)

---

69. 믿음으로 의롭다 함을 받은 사람이 할 일은 무엇입니까?

로마서 5:1

1 그러므로 우리가 믿음으로 의롭다 하심을 받았으니 우리 주 예수 그리스도로 말미암아 하나님과 화평을 누리자 (롬 5:1)

---

70. 하나님의 아들의 이름을 믿는 우리에게 무엇이 있습니까?

요한일서 5:13

13 내가 하나님의 아들의 이름을 믿는 너희에게 이것을 쓰는 것은 너희로 하여금 너희에게 영생이 있음을 알게 하려 함이라 (요일 5:13)

71. 생명책에 이름이 기록된 사람은 누구였습니까?

빌립보서 4:3

3 또 참으로 나와 멍에를 같이한 네게 구하노니 복음에 나와 함께 힘쓰던 저 여인들을 돕고 또한 글레멘드와 그 외에 나의 동역자들을 도우라 그 이름들이 생명책에 있느니라 (빌 4:3)

72-73. 영생의 특징은 무엇입니까?

요한복음 10:28-29

28 내가 그들에게 영생을 주노니 영원히 멸망하지 아니할 것이요 또 그들을 내 손에서 빼앗을 자가 없느니라 29 그들을 주신 내 아버지는 만물보다 크시매 아무도 아버지 손에서 빼앗을 수 없느니라 (요 10:28-29)

74-75. 어떻게 보증하셨습니까?

고린도후서 1:21-22

21 우리를 너희와 함께 그리스도 안에서 굳건하게 하시고 우리에게 기름을 부으신 이는 하나님이시니 22 그가 또한 우리에게 인치시고 보증으로 우리 마음에 성령을 주셨느니라 (고후 1:21-22)

76. 회개하여 죄사함을 받는 사람에게 어떤 선물이 있습니까?

사도행전 2:38

38 베드로가 이르되 너희가 회개하여 각각 예수 그리스도의 이름으로 세례(침례)를 받고 죄 사함을 받으라 그리하면 성령의 선물을 받으리니 (행 2:38)

77-80. 하나님의 아들이 되면 어떻게 됩니까?

로마서 8:14-17

14 무릇 하나님의 영으로 인도함을 받는 사람은 곧 하나님의 아들이라 15 너희는 다시 무서워하는 종의 영을 받지 아니하고 양자의 영을 받았으므로 우리가 아빠 아버지라고 부르짖느니라 16 성령이 친히 우리의 영과 더불어 우리가 하나님의 자녀인 것을 증언하시나니 17 자녀이면 또한 상속자 곧 하나님의 상속자요 그리스도와 함께 한 상속자니 우리가 그와 함께 영광을 받기 위하여 고난도 함께 받아야 할 것이니라 (롬 8:14-17)

81. 하늘 시민권을 취득하셨습니까?

빌립보서 3:20

20 그러나 우리의 시민권은 하늘에 있는지라 거기로부터 구원하는 자 곧 주 예수 그리스도를 기다리노니 (빌 3:20)

82. 예수님을 믿음으로 하나님과 어떤 관계가 됩니까?

에베소서 3:12

12 우리가 그 안에서 그를 믿음으로 말미암아 담대함과 확신을 가지고 하나님께 나아감을 얻느니라 (엡 3:12)

83. 나의 거듭남은 어떻게 이루어졌습니까?

베드로전서 1:23

23 너희가 거듭난 것은 썩어질 씨로 된 것이 아니요 썩지 아니할 씨로 된 것이니 살아 있고 항상 있는 하나님의 말씀으로 되었느니라 (벧전 1:23)

84. 그리스도 안에 있으면 어떤 결과가 발생합니까?

고린도후서 5:17

17 그런즉 누구든지 그리스도 안에 있으면 새로운 피조물이라 이전 것은 지나갔으니 보라 새 것이 되었도다 (고후 5:17)

구원을 선포하라

07
Tefillin

85-86. 마음과 입으로 해야 할 일은 무엇입니까?

로마서 10:9-10

9 네가 만일 네 입으로 예수를 주로 시인하며 또 하나님께서 그를 죽은 자 가운데서 살리신 것을 네 마음에 믿으면 구원을 받으리라 10 사람이 마음으로 믿어 의에 이르고 입으로 시인하여 구원에 이르느니라 (롬 10:9-10)

87. 왜 믿음 안에 있는가를 시험하고 확증 해야 합니까?

고린도후서 13:5

5 너희는 믿음 안에 있는가 너희 자신을 시험하고 너희 자신을 확증하라 예수 그리스도께서 너희 안에 계신 줄을 너희가 스스로 알지 못하느냐 그렇지 않으면 너희는 버림 받은 자니라 (고후 13:5)

88. 십자가의 도가 구원받는 우리에게 무엇입니까?

고린도전서 1:18

18 십자가의 도가 멸망하는 자들에게는 미련한 것이요 구원을 받는

우리에게는 하나님의 능력이라 (고전 1:18)

89-92 왜 성만찬을 행해야 하며 성만찬을 통해 무엇을 기념해야 합니까?

고린도전서 11:23-26

23 내가 너희에게 전한 것은 주께 받은 것이니 곧 주 예수께서 잡히시던 밤에 떡을 가지사 24 축사하시고 떼어 이르시되 이것은 너희를 위하는 내 몸이니 이것을 행하여 나를 기념하라 하시고 25 식후에 또한 그와 같이 잔을 가지시고 이르시되 이 잔은 내 피로 세운 새 언약이니 이것을 행하여 마실 때마다 나를 기념하라 하셨으니 26 너희가 이 떡을 먹으며 이 잔을 마실 때마다 주의 죽으심을 그가 오실 때까지 전하는 것이니라

(고전 11:23-26)

93. 우리는 누구를 바라보아야 합니까?

히브리서 12:2

2 믿음의 주요 또 온전하게 하시는 이인 예수를 바라보자 그는 그 앞에 있는 기쁨을 위하여 십자가를 참으사 부끄러움을 개의치 아니하시더니 하나님 보좌 우편에 앉으셨느니라 (히 12:2)

94. 우리가 꼭 알아야 할 것은 무엇입니까?

고린도전서 2:2

2 내가 너희 중에서 예수 그리스도와 그가 십자가에 못 박히신 것 외에는 아무 것도 알지 아니하기로 작정하였음이라 (고전 2:2)

---

95. 우리가 고백해야 할 말은 무엇입니까?

갈라디아서 2:20

20 내가 그리스도와 함께 십자가에 못 박혔나니 그런즉 이제는 내가 사는 것이 아니요 오직 내 안에 그리스도께서 사시는 것이라 이제 내가 육체 가운데 사는 것은 나를 사랑하사 나를 위하여 자기 자신을 버리신 하나님의 아들을 믿는 믿음 안에서 사는 것이라 (갈 2:20)

---

96. 왜 '아멘'해야 합니까?

고린도후서 1:20

20 하나님의 약속은 얼마든지 그리스도 안에서 예가 되니 그런즉 그로 말미암아 우리가 아멘 하여 하나님께 영광을 돌리게 되느니라 (고후 1:20)

97-99. 하나님의 사랑에서 끊을 수 있는 것은 무엇입니까?

로마서 8:35, 38-39

35 누가 우리를 그리스도의 사랑에서 끊으리요 환난이나 곤고나 박해나 기근이나 적신이나 위험이나 칼이랴

38 내가 확신하노니 사망이나 생명이나 천사들이나 권세자들이나 현재 일이나 장래 일이나 능력이나 39 높음이나 깊음이나 다른 어떤 피조물이라도 우리를 우리 주 그리스도 예수 안에 있는 하나님의 사랑에서 끊을 수 없으리라 (롬 8:35, 38-39)

---

100. 하나님께 나아가는 자가 꼭 기억해야 할 것은 무엇입니까?

히브리서 11:6

6 믿음이 없이는 하나님을 기쁘시게 하지 못하나니 하나님께 나아가는 자는 반드시 그가 계신 것과 또한 그가 자기를 찾는 자들에게 상 주시는 이심을 믿어야 할지니라 (히11:6)

15분의 기적 테필린복음의 10대 효과

1. 테필린복음은 사람의 생각이나 인본주의가 개입되지 않은 순도 100%의 하나님의 말씀으로 큰소리로 선포하면 육신의 질병이 치료되고 내적치유가 이루어진다.(말 4:2)

2. 테필린복음을 선포하면 나를 사로잡고 있는 죄성, 악한 생각, 상처, 욕심, 부정적인 생각들이 깨끗하게 씻어진다.(사 1:18)

3. 테필린복음을 가정에서 선포하면 하나님의 복이 임하고 저주가 떠나간다.(신 11:21)

4. 테필린복음을 교회에서 선포하면 교회의 부흥이 일어나고 전도의 문이 열린다.(행 5:14)

5. 테필린복음을 사업장에서 선포하면 사업이 평탄하고 형통해진다.(신 11:14-15)

6. 테필린복음을 선포하면 귀신이 떠나가고 모든 악재(惡材)들이 사라진다.(약 4:7)

7. 테필린복음을 자녀들이 선포하면 언어습득능력, 집중력, 기억력, 해석력이 향상된다.(신 28:13)

8. 테필린복음을 1년 이상 선포하면 매년 최소 10명 이상을 전도하게 되며 전도왕이 탄생된다.(행 5:42)

9. 테필린복음은 구원, 헌신, 신앙계승, 축복의 400절 말씀을 마음에 새기게 한다.(눅 2:19)

10. 테필린복음을 선포하면 성도들의 물질문제들이 해결되고 교회재정이 몇 배로 증가한다.(신 28:12)

테필린복음 구호
Tefillin Gospel Motto

내가 구원받아야 하고,
내가 헌신해야 하고,
내가 신앙계승해야 하고,
내가 복을 받아야 한다.
아멘! 아멘!

테필린복음 선포기도문

하나님 아버지, 테필린복음을 선포할 때 하나님이 주시는 완전한 진리를 성령님을 통해 밝히 알게 하여 주시기를 원합니다. '하나님의 말씀이 네 입에 있게 하라'는 말씀에 의지하여 이 시간 테필린복음을 선포합니다. 사탄의 방해를 막아주시고 말씀으로 승리하게 하옵소서. 말씀을 선포하는 가운데 하나님의 음성을 듣게 하시고, 성령의 임재를 체험하게 하시고, 기쁨이 충만하게 하옵소서. 중도에 포기하지 않도록 지켜주시고, 선포 중 잡념에 사로잡히지 않도록 지켜주옵소서. 테필린복음이 전국 방방곡곡에서 선포되게 하시고 더 나아가 이민교회와 선교사님들도 함께 선포하는 가운데 사탄의 역사가 제한되고 승리의 찬가가 넘치게 하시고 부흥이 일어나게 하옵소서. 예수님의 이름으로 기도합니다. 아멘.

너희는 이전 일을 기억하지 말며 옛날 일을 생각하지 말라 보라 내가 새 일을 행하리니 이제 나타낼 것이라 너희가 그것을 알지 못하겠느냐 반드시 내가 광야에 길을 사막에 강을 내리니 장차 들짐승 곧 승냥이와 타조도 나를 존경할 것은 내가 광야에 물을, 사막에 강들을 내어 내 백성, 내가 택한 자에게 마시게 할 것임이라 (사 43:18~20)

우리는 수많은 사람들처럼 하나님의 말씀을 혼잡하게 하지 아니하고 곧 순전함으로 하나님께 받은 것 같이 하나님 앞에서와 그리스도 안에서 말하노라 (고후 2:17)

02
헌신의 말씀

출애굽기13장 11-16절(VeHaya Ki Yevi'akha 헌신의 말씀 OFFERING)

11 여호와께서 너와 네 조상에게 맹세하신 대로 너를 가나안 사람의 땅에 인도하시고 그 땅을 네게 주시거든 12 너는 태에서 처음 난 모든 것과 네게 있는 가축의 태에서 처음 난 것을 다 구별하여 여호와께 돌리라 수컷은 여호와의 것이니라 13 나귀의 첫 새끼는 다 어린 양으로 대속할 것이요 그렇게 하지 아니하려면 그 목을 꺾을 것이며 네 아들 중 처음 난 모든 자는 대속할지니라 14 후일에 네 아들이 네게 묻기를 이것이 어찌 됨이냐 하거든 너는 그에게 이르기를 여호와께서 그 손의 권능으로 우리를 애굽에서 곧 종이 되었던 집에서 인도하여 내실새 15 그 때에 바로가 완악하여 우리를 보내지 아니하매 여호와께서 애굽 나라 가운데 처음 난 모든 것은 사람의 장자로부터 가축의 처음 난 것까지 다 죽이셨으므로 태에서 처음 난 모든 수컷들은 내가 여호와께 제사를 드려서 내 아들 중에 모든 처음 난 자를 다 대속하리니 16 이것이 네 손의 기호와 네 미간의 표가 되리라 이는 여호와께서 그 손의 권능으로 우리를 애굽에서 인도하여 내셨음이니라 할지니라

15분의 기적 테필린복음의 15분 사용법

1. 테필린복음을 선포하기 위해 매일 기적의 15분을 만들라.
2. 테필린복음을 선포하기 전후에 '반드시 이루어지리라'고 믿고 기도해야 한다.
3. 테필린복음을 교회에서 선포할 때 인도자가 큰 소리로 질문하면 성도들은 큰소리로 해당 말씀으로 답변한다. 2인 1조나 개인적으로 할 때도 방법은 같다.
4. 테필린복음을 선포할 때 장, 절을 뒤에 붙이고 아멘 아멘으로 고백하라. 말씀의 출처는 말씀만큼 중요하다.
5. 테필린복음은 총 4개의 주제로 되어 있어서 다음과 같이 사용할 수 있다.
   월요일: 구원의 말씀, 화요일: 헌신의 말씀, 수요일: 신앙계승의 말씀, 목요일: 구원의 말씀, 금요일: 헌신의 말씀, 토요일: 신앙계승의 말씀, 주일: 축복의 말씀
6. 테필린복음은 개인, 일대일, 소그룹, 중그룹, 대그룹이 모두 가능하도록 꾸며졌다.
7. 테필린복음은 결석이나 지각없이 성실하게 훈련에 임해야 한다.
8. 테필린복음의 시한은 없으며 400절 말씀의 암송 후에도 선포는 계속되어야 한다.
9. 테필린복음을 교회와 가정에서 잘 활용하기 위해서는 가능한 15분의 기적 테필린복음 전문강사세미나에 참여하도록 한다.
10. 테필린복음의 최종목적은 하나님의 말씀에 순종하여 복을 받기 위함이다.

- 주께서 하신 말씀이 반드시 이루어지리라고 믿은 그 여자에게 복이 있도다 (누가복음 1:45)
- 온 땅이여 여호와께 노래하며 그의 구원을 날마다 선포할지어다 그의 영광을 모든 민족 중에, 그의 기이한 행적을 만민 중에 선포할지어다(역대상 16:23-24)

왜 헌신해야 하는가?

01
Tefillin

1-2. 예수님이 말씀하시는 헌신의 정의는 무엇입니까?

요한복음 12:24-25

24 내가 진실로 진실로 너희에게 이르노니 한 알의 밀이 땅에 떨어져 죽지 아니하면 한 알 그대로 있고 죽으면 많은 열매를 맺느니라 25 자기의 생명을 사랑하는 자는 잃어버릴 것이요 이 세상에서 자기의 생명을 미워하는 자는 영생하도록 보전하리라 (요 12:24-25)

3-4. 헌신의 상징과 결과는 무엇입니까?

히브리서 9:13-14

13 염소와 황소의 피와 및 암송아지의 재를 부정한 자에게 뿌려 그 육체를 정결하게 하여 거룩하게 하거든 14 하물며 영원하신 성령으로 말미암아 흠없는 자기를 하나님께 드린 그리스도의 피가 어찌 너희 양심을 죽은 행실에서 깨끗하게 하고 살아계신 하나님을 섬기게 하지 못하겠느냐 (히 9:13-14)

5-6. 우리의 몸은 무엇이며 누구의 것입니까?

고린도전서 6:19-20

19 너희 몸은 너희가 하나님께로부터 받은 바 너희 가운데 계신 성령의 전인 줄을 알지 못하느냐 너희는 너희 자신의 것이 아니라 20 값으로 산 것이 되었으니 그런즉 너희 몸으로 하나님께 영광을 돌리라 (고전 6:19-20)

7-8. 어떻게 영적 예배를 드려야 합니까?

로마서 12:1-2

1 그러므로 형제들아 내가 하나님의 모든 자비하심으로 너희를 권하노니 너희 몸을 하나님이 기뻐하시는 거룩한 산 제물로 드리라 이는 너희가 드릴 영적 예배니라 2 너희는 이 세대를 본받지 말고 오직 마음을 새롭게 함으로 변화를 받아 하나님의 선하시고 기뻐하시고 온전하신 뜻이 무엇인지 분별하도록 하라 (롬 12:1-2)

9. 우리는 누구를 위해 살아야 합니까?

로마서 14:8

8 우리가 살아도 주를 위하여 살고 죽어도 주를 위하여 죽나니 그러므로 사나 죽으나 우리가 주의 것이로다 (롬 14:8)

10. 우리는 먼저 무엇을 구해야 합니까?

마태복음 6:33

33 그런즉 너희는 먼저 그의 나라와 그의 의를 구하라 그리하면 이 모든 것을 너희에게 더하시리라 (마 6:33)

11-14. 우리는 누구를 선택해야 합니까?

여호수아 24:15-18

15 만일 여호와를 섬기는 것이 너희에게 좋지 않게 보이거든 너희 조상들이 강 저쪽에서 섬기던 신들이든지 또는 너희가 거주하는 땅에 있는 아모리 족속의 신들이든지 너희가 섬길 자를 오늘 택하라 오직 나와 내 집은 여호와를 섬기겠노라 하니 16 백성이 대답하여 이르되 우리가 결단코 여호와를 버리고 다른 신들을 섬기기를 하지 아니하오리니 17 이는 우리 하나님 여호와께서 친히 우리와 우리 조상들을 인도하여 애굽 땅 종 되었던 집에서 올라오게 하시고 우리 목전에서 그 큰 이적들을 행하시고 우리가 행한 모든 길과 우리가 지나온 모든 백성들 중에서 우리를 보호하셨음이며 18 여호와께서 또 모든 백성들과 이 땅에 거주하던 아모리 족속을 우리 앞에서 쫓아내셨음이라 그러므로 우리도 여호와를 섬기리니 그는 우리 하나님이심이니이다 하니라 (수 24:15-18)

어떻게 헌신할 것인가?

15-18. 하늘에 계신 아버지 하나님께 어떻게 영광을 돌려야 합니까?

마태복음 5:13-16

13 너희는 세상의 소금이니 소금이 만일 그 맛을 잃으면 무엇으로 짜게 하리요 후에는 아무 쓸 데 없어 다만 밖에 버려져 사람에게 밟힐 뿐이니라 14 너희는 세상의 빛이라 산 위에 있는 동네가 숨겨지지 못할 것이요 15 사람이 등불을 켜서 말 아래에 두지 아니하고 등경 위에 두나니 이러므로 집 안 모든 사람에게 비치느니라 16 이같이 너희 빛이 사람 앞에 비치게 하여 그들로 너희 착한 행실을 보고 하늘에 계신 너희 아버지께 영광을 돌리게 하라 (마 5:13-16)

19. 우리를 구원하신 목적은 무엇입니까?

에베소서 2:10

10 우리는 그가 만드신 바라 그리스도 예수 안에서 선한 일을 위하여 지으심을 받은 자니 이 일은 하나님이 전에 예비하사 우리로 그 가운데서 행하게 하려 하심이니라 (엡 2:10)

20-21. 이 세상이나 세상에 있는 것을 사랑하지 말아야 하는 이유는 무엇입니까?

요한일서 2:15-16

15 이 세상이나 세상에 있는 것들을 사랑하지 말라 누구든지 세상을 사랑하면 아버지의 사랑이 그 안에 있지 아니하니 16 이는 세상에 있는 모든 것이 육신의 정욕과 안목의 정욕과 이생의 자랑이니 다 아버지께로부터 온 것이 아니요 세상으로부터 온 것이라 (요일 2:15-16)

22-25. 하나님이 우리를 속량하신 이유는 무엇입니까?

디도서 2:11-14

11 모든 사람에게 구원을 주시는 하나님의 은혜가 나타나 12 우리를 양육하시되 경건하지 않은 것과 이 세상 정욕을 다 버리고 신중함과 의로움과 경건함으로 이 세상에 살고 13 복스러운 소망과 우리의 크신 하나님 구주 예수 그리스도의 영광이 나타나심을 기다리게 하셨으니 14 그가 우리를 대신하여 자신을 주심은 모든 불법에서 우리를 속량하시고 우리를 깨끗하게 하사 선한 일을 열심히 하는 자기 백성이 되게 하려 하심이라 (딛 2:11-14)

26-27. 우리는 어떤 자세로 일해야 합니까?

골로새서 3:22-23

22 종들아 모든 일에 육신의 상전들에게 순종하되 사람을 기쁘게 하는 자와 같이 눈가림만 하지 말고 오직 주를 두려워하여 성실한 마음으로 하라 23 무슨 일을 하든지 마음을 다하여 주께 하듯 하고 사람에게 하듯 하지 말라 (골 3:22-23)

28. 우리는 어떤 자세로 주를 섬겨야 합니까?

로마서 12:11

11 부지런하여 게으르지 말고 열심을 품고 주를 섬기라 (롬 12:11)

29-30. 우리의 지체를 누구에게 드려야 합니까?

로마서 6:12-13

12 그러므로 너희는 죄가 너희 죽을 몸을 지배하지 못하게 하여 몸의 사욕에 순종하지 말고 13 또한 너희 지체를 불의의 무기로 죄에게 내주지 말고 오직 너희 자신을 죽은 자 가운데서 다시 살아난 자 같이 하나님께 드리며 너희 지체를 의의 무기로 하나님께 드리라 (롬 6:12-13)

31. 어떤 마음으로 헌신해야 합니까?

시편 110:3

3 주의 권능의 날에 주의 백성이 거룩한 옷을 입고 즐거이 헌신하니 새벽이슬 같은 주의 청년들이 주께 나오는도다 (시 110:3)

32-33. 하나님이 우리를 부르신 이유는 무엇입니까?

데살로니가전서 4:7-8

7 하나님이 우리를 부르심은 부정하게 하심이 아니요 거룩하게 하심이니 8 그러므로 저버리는 자는 사람을 저버림이 아니요 너희에게 그의 성령을 주신 하나님을 저버림이니라 (살전 4:7-8)

34. 그리스도 안에 있는 형제자매들을 어떻게 섬겨야 합니까?

데살로니가전서 5:14

14 또 형제들아 너희를 권면하노니 게으른 자들을 권계하며 마음이 약한 자들을 격려하고 힘이 없는 자들을 붙들어 주며 모든 사람에게 오래 참으라 (살전 5:14)

35-36. 그리스도인의 목표는 무엇입니까?

빌립보서 3:13-14

13 형제들아 나는 아직 내가 잡은 줄로 여기지 아니하고 오직 한 일 즉 뒤에 있는 것은 잊어버리고 앞에 있는 것을 잡으려고 14 푯대를 향하여 그리스도 예수 안에서 하나님이 위에서 부르신 부름의 상을 위하여 달려가노라 (빌 3:13-14)

37. 새 사람은 어떤 사람입니까?

골로새서 3:10

10 새 사람을 입었으니 이는 자기를 창조하신 이의 형상을 따라 지식에까지 새롭게 하심을 입은 자니라 (골 3:10)

38. 주를 향한 소망을 가진 사람은 어떤 행실을 가져야 합니까?

요한일서 3:3

3 주를 향하여 이 소망을 가진 자마다 그의 깨끗하심과 같이 자기를 깨끗하게 하느니라 (요일 3:3)

삶을 통한 헌신의 말씀

03
Tefillin

39-40. 성도는 어떻게 살아야 합니까?

에베소서 5:3-4

3 음행과 온갖 더러운 것과 탐욕은 너희 중에서 그 이름조차도 부르지 말라 이는 성도에게 마땅한 바니라 4 누추함과 어리석은 말이나 희롱의 말이 마땅치 아니하니 오히려 감사하는 말을 하라 (엡 5:3-4)

41. 하나님이 우리를 택하신 이유는 무엇입니까?

요한복음 15:16

16 너희가 나를 택한 것이 아니요 내가 너희를 택하여 세웠나니 이는 너희로 가서 열매를 맺게 하고 또 너희 열매가 항상 있게 하여 내 이름으로 아버지께 무엇을 구하든지 다 받게 하려 함이라 (요 15:16)

42-43. 성령의 열매는 무엇입니까?

갈라디아서 5:22-23

22 오직 성령의 열매는 사랑과 희락과 화평과 오래 참음과 자비와 양선과 충성과 23 온유와 절제니 이같은 것을 금지할 법이 없느니라 (갈 5:22-23)

44-47. 부르심을 받은 일에 합당한 삶은 무엇입니까?

에베소서 4:1-4

1 그러므로 주 안에서 갇힌 내가 너희를 권하노니 너희가 부르심을 받은 일에 합당하게 행하여 2 모든 겸손과 온유로 하고 오래 참음으로 사랑 가운데서 서로 용납하고 3 평안의 매는 줄로 성령이 하나 되게 하신 것을 힘써 지키라 4 몸이 하나요 성령도 한 분이시니 이와 같이 너희가 부르심의 한 소망 안에서 부르심을 받았느니라 (엡 4:1-4)

48-50. 범사에 그리스도에게까지 자라는 삶이란 어떤 삶입니까?

에베소서 4:13-15

13 우리가 다 하나님의 아들을 믿는 것과 아는 일에 하나가 되어 온전한 사람을 이루어 그리스도의 장성한 분량이 충만한 데까지 이르리니 14 이는 우리가 이제부터 어린 아이가 되지 아니하여 사람의 속임수와 간사한 유혹에 빠져 온갖 교훈의 풍조에 밀려 요동하지 않게 하려 함이라 15 오직 사랑 안에서 참된 것을 하여 범사에 그에게까지 자랄지라 그는 머리니 곧 그리스도라 (엡 4:13-15)

51-54. 어떤 삶의 자세를 가지고 살아야 합니까?

빌립보서 4:4-7

4 주 안에서 항상 기뻐하라 내가 다시 말하노니 기뻐하라 5 너희 관용을 모든 사람에게 알게 하라 주께서 가까우시니라 6 아무 것도 염려하지

말고 다만 모든 일에 기도와 간구로, 너희 구할 것을 감사함으로 하나님께 아뢰라 7 그리하면 모든 지각에 뛰어난 하나님의 평강이 그리스도 예수 안에서 너희 마음과 생각을 지키시리라 (빌 4:4-7)

55. 그리스도인의 속에 무엇이 있어야 합니까?

골로새서 3:15

15 그리스도의 평강이 너희 마음을 주장하게 하라 너희는 평강을 위하여 한 몸으로 부르심을 받았나니 너희는 또한 감사하는 자가 되라(골 3:15)

56-57. 복음의 진리를 듣고 깨달은 그리스도인들이 나타내야 하는 결과는 무엇입니까?

골로새서 1:5-6

5 너희를 위하여 하늘에 쌓아 둔 소망으로 말미암음이니 곧 너희가 전에 복음 진리의 말씀을 들은 것이라 6 이 복음이 이미 너희에게 이르매 너희가 듣고 참으로 하나님의 은혜를 깨달은 날부터 너희 중에서와 같이 또한 온 천하에서도 열매를 맺어 자라는도다 (골 1:5-6)

58-61. 행함이 없는 믿음이란 어떤 믿음입니까?

야고보서 2:14-17

14 내 형제들아 만일 사람이 믿음이 있노라 하고 행함이 없으면 무슨 유익이 있으리요 그 믿음이 능히 자기를 구원하겠느냐 15 만일 형제나 자매가 헐벗고 일용할 양식이 없는데 16 너희 중에 누구든지 그에게 이르되 평안히 가라, 덥게 하라, 배부르게 하라 하며 그 몸에 쓸 것을 주지 아니하면 무슨 유익이 있으리요 17 이와 같이 행함이 없는 믿음은 그 자체가 죽은 것이라 (약 2:14-17)

---

62. 이웃에 대해선 어떤 마음을 가져야 합니까?

요한일서 3:17

17 누가 이 세상의 재물을 가지고 형제의 궁핍함을 보고도 도와 줄 마음을 닫으면 하나님의 사랑이 어찌 그 속에 거하겠느냐 (요일 3:17)

모든 것이 하나님의 것이다

63. 모든 재물의 주인은 누구십니까?

학개 2:8

8 은도 내 것이요 금도 내 것이니라 만군의 여호와의 말이니라 (학 2:8)

64-66. 보물을 어디에 쌓아두어야 합니까?

마태복음 6:19-21

19 너희를 위하여 보물을 땅에 쌓아 두지 말라 거기는 좀과 동록이 해하며 도둑이 구멍을 뚫고 도둑질하느니라 20 오직 너희를 위하여 보물을 하늘에 쌓아 두라 거기는 좀이나 동록이 해하지 못하며 도둑이 구멍을 뚫지도 못하고 도둑질도 못하느니라 21 네 보물 있는 그 곳에는 네 마음도 있느니라 (마 6:19-21)

67-69. 어떻게 봉헌해야 합니까?

고린도후서 9:5-7

5 그러므로 내가 이 형제들로 먼저 너희에게 가서 너희가 전에 약속한 연보를 미리 준비하게 하도록 권면하는 것이 필요한 줄 생각하였노니 이렇게 준비하여야 참 연보답고 억지가 아니니라 6 이것이 곧 적게 심는 자는 적게 거두고 많이 심는 자는 많이 거둔다 하는 말이로다 7 각각 그 마음에 정한 대로 할 것이요 인색함으로나 억지로 하지 말지니 하나님은 즐겨 내는 자를 사랑하시느니라 (고후 9:5-7)

70-73. 어떤 자세로 봉헌해야 합니까?

역대상 29:11-14

11 여호와여 위대하심과 권능과 영광과 승리와 위엄이 다 주께 속하였사오니 천지에 있는 것이 다 주의 것이로소이다 여호와여 주권도 주께 속하였사오니 주는 높으사 만물의 머리이심이니이다 12 부와 귀가 주께로 말미암고 또 주는 만물의 주재가 되사 손에 권세와 능력이 있사오니 모든 사람을 크게 하심과 강하게 하심이 주의 손에 있나이다 13 우리 하나님이여 이제 우리가 주께 감사하오며 주의 영화로운 이름을 찬양하나이다 14 나와 내 백성이 무엇이기에 이처럼 즐거운 마음으로 드릴 힘이 있었나이까 모든 것이 주께로 말미암았사오니 우리가 주의 손에서 받은 것으로 주께 드렸을 뿐이니이다 (대상 29:11-14)

74-75. 하나님의 법칙은 무엇입니까?

갈라디아서 6:7-8

7 스스로 속이지 말라 하나님은 업신여김을 받지 아니하시나니 사람이 무엇으로 심든지 그대로 거두리라 8 자기의 육체를 위하여 심는 자는 육체로부터 썩어질 것을 거두고 성령을 위하여 심는 자는 성령으로부터 영생을 거두리라 (갈 6:7-8)

76-79. 어떤 사람이 헌금을 많이 했습니까?

누가복음 21:1-4

1 예수께서 눈을 들어 부자들이 헌금함에 헌금 넣는 것을 보시고 2 또 어떤 가난한 과부가 두 렙돈 넣는 것을 보시고 3 이르시되 내가 참으로 너희에게 말하노니 이 가난한 과부가 다른 모든 사람보다 많이 넣었도다 4 저들은 그 풍족한 중에서 헌금을 넣었거니와 이 과부는 그 가난한 중에서 자기가 가지고 있는 생활비 전부를 넣었느니라 하시니라 (눅 21:1-4)

80. 하나님을 공경하는 봉헌은 어떤 자세입니까?

잠언 3:9

9 네 재물과 네 소산물의 처음 익은 열매로 여호와를 공경하라 (잠 3:9)

81. 무엇으로 하나님을 시험해야 합니까?

말라기 3:10

10 만군의 여호와가 이르노라 너희의 온전한 십일조를 창고에 들여 나의 집에 양식이 있게 하고 그것으로 나를 시험하여 내가 하늘 문을 열고 너희에게 복을 쌓을 곳이 없도록 붓지 아니하나 보라 (말 3:10)

82. 누구를 주인으로 선택해야 합니까?

마태복음 6:24

24 한 사람이 두 주인을 섬기지 못할 것이니 혹 이를 미워하고 저를 사랑하거나 혹 이를 중히 여기고 저를 경히 여김이라 너희가 하나님과 재물을 겸하여 섬기지 못하느니라 (마 6:24)

83-84. 누가 우리의 모든 쓸 것을 채우십니까?

빌립보서 4:18-19

18 내게는 모든 것이 있고 또 풍부한지라 에바브로디도 편에 너희가 준 것을 받으므로 내가 풍족하니 이는 받으실 만한 향기로운 제물이요 하나님을 기쁘시게 한 것이라 19 나의 하나님이 그리스도 예수 안에서 영광 가운데 그 풍성한 대로 너희 모든 쓸 것을 채우시리라 (빌 4:18-19)

교회생활

85-87. 무엇 위에 예수님의 교회가 세워졌습니까?

마태복음 16:16-18

16 시몬 베드로가 대답하여 이르되 주는 그리스도시요 살아 계신 하나님의 아들이시니이다 17 예수께서 대답하여 이르시되 바요나 시몬아 네가 복이 있도다 이를 네게 알게 한 이는 혈육이 아니요 하늘에 계신 내 아버지시니라 18 또 내가 네게 이르노니 너는 베드로라 내가 이 반석 위에 내 교회를 세우리니 음부의 권세가 이기지 못하리라 (마 16:16-18)

88-89. 교회의 머리는 누구십니까?

에베소서 1:22-23

22 또 만물을 그의 발 아래에 복종하게 하시고 그를 만물 위에 교회의 머리로 삼으셨느니라 23 교회는 그의 몸이니 만물 안에서 만물을 충만하게 하시는 이의 충만함이니라 (엡 1:22-23)

90. 누구의 피로 교회를 사셨습니까?

사도행전 20:28

28 여러분은 자기를 위하여 또는 온 양 떼를 위하여 삼가라 성령이 그들 가운데 여러분을 감독자로 삼고 하나님이 자기 피로 사신 교회를 보살피게 하셨느니라 (행 20:28)

91-92. 어떻게 격려하며 권해야 합니까?

히브리서 10:24-25

24 서로 돌아보아 사랑과 선행을 격려하며 25 모이기를 폐하는 어떤 사람들의 습관과 같이 하지 말고 오직 권하여 그 날이 가까움을 볼수록 더욱 그리하자 (히 10:24-25)

93-94. 초대교회의 모습은 어떠했습니까?

사도행전 2:46-47

46 날마다 마음을 같이하여 성전에 모이기를 힘쓰고 집에서 떡을 떼며 기쁨과 순전한 마음으로 음식을 먹고 47 하나님을 찬미하며 또 온 백성에게 칭송을 받으니 주께서 구원 받는 사람을 날마다 더하게 하시니라 (행 2:46-47)

95-96. 교회에 직분을 삼으신 이유는 무엇입니까?

에베소서 4:11-12

11 그가 어떤 사람은 사도로, 어떤 사람은 선지자로, 어떤 사람은 복음 전하는 자로, 어떤 사람은 목사와 교사로 삼으셨으니 12 이는 성도를 온전하게 하여 봉사의 일을 하게 하며 그리스도의 몸을 세우려 하심이라 (엡 4:11-12)

97. 가르침을 받는 사람의 자세는 무엇입니까?

갈라디아서 6:6

6 가르침을 받는 자는 말씀을 가르치는 자와 모든 좋은 것을 함께 하라 (갈 6:6)

98. 우리를 인도하는 자에게 가져야 할 자세는 무엇입니까?

히브리서 13:17

17 너희를 인도하는 자들에게 순종하고 복종하라 그들은 너희 영혼을 위하여 경성하기를 자신들이 청산할 자인 것 같이 하느니라 그들로 하여금 즐거움으로 이것을 하게 하고 근심으로 하게 하지 말라 그렇지 않으면 너희에게 유익이 없느니라 (히 13:17)

99-100. 교회를 위해 우리가 가져야 할 자세는 무엇입니까?

골로새서 1:24-25

24 나는 이제 너희를 위하여 받는 괴로움을 기뻐하고 그리스도의 남은 고난을 그의 몸된 교회를 위하여 내 육체에 채우노라 25 내가 교회의 일꾼 된 것은 하나님이 너희를 위하여 내게 주신 직분을 따라 하나님의 말씀을 이루려 함이니라 (골 1:24~25)

15분의 기적 테필린복음의 10대 효과

1. 테필린복음은 사람의 생각이나 인본주의가 개입되지 않은 순도 100%의 하나님의 말씀으로 큰소리로 선포하면 육신의 질병이 치료되고 내적치유가 이루어진다.(말 4:2)

2. 테필린복음을 선포하면 나를 사로잡고 있는 죄성, 악한 생각, 상처, 욕심, 부정적인 생각들이 깨끗하게 씻어진다.(사 1:18)

3. 테필린복음을 가정에서 선포하면 하나님의 복이 임하고 저주가 떠나간다.(신 11:21)

4. 테필린복음을 교회에서 선포하면 교회의 부흥이 일어나고 전도의 문이 열린다. (행 5:14)

5. 테필린복음을 사업장에서 선포하면 사업이 평탄하고 형통해진다.(신 11:14-15)

6. 테필린복음을 선포하면 귀신이 떠나가고 모든 악재(惡材)들이 사라진다.(약 4:7)

7. 테필린복음을 자녀들이 선포하면 언어습득능력, 집중력, 기억력, 해석력이 향상된다.(신 28:13)

8. 테필린복음을 1년 이상 선포하면 매년 최소 10명 이상을 전도하게 되며 전도왕이 탄생된다.(행 5:42)

9. 테필린복음은 구원, 헌신, 신앙계승, 축복의 400절 말씀을 마음에 새기게 한다. (눅 2:19)

10. 테필린복음을 선포하면 성도들의 물질문제들이 해결되고 교회재정이 몇 배로 증가한다.(신 28:12)

2. 헌신의 말씀

테필린복음 구호
Tefillin Gospel Motto

내가 구원받아야 하고,
내가 헌신해야 하고,
내가 신앙계승해야 하고,
내가 복을 받아야 한다.
아멘! 아멘!

테필린복음 선포기도문

하나님 아버지, 테필린복음을 선포할 때 하나님이 주시는 완전한 진리를 성령님을 통해 밝히 알게 하여 주시기를 원합니다. '하나님의 말씀이 네 입에 있게 하라'는 말씀에 의지하여 이 시간 테필린복음을 선포합니다. 사탄의 방해를 막아주시고 말씀으로 승리하게 하옵소서. 말씀을 선포하는 가운데 하나님의 음성을 듣게 하시고, 성령의 임재를 체험하게 하시고, 기쁨이 충만하게 하옵소서. 중도에 포기하지 않도록 지켜주시고, 선포 중 잡념에 사로잡히지 않도록 지켜주옵소서. 테필린복음이 전국 방방곡곡에서 선포되게 하시고 더 나아가 이민교회와 선교사님들도 함께 선포하는 가운데 사탄의 역사가 제한되고 승리의 찬가가 넘치게 하시고 부흥이 일어나게 하옵소서. 예수님의 이름으로 기도합니다. 아멘.

너희는 이전 일을 기억하지 말며 옛날 일을 생각하지 말라 보라 내가 새 일을 행하리니 이제 나타낼 것이라 너희가 그것을 알지 못하겠느냐 반드시 내가 광야에 길을 사막에 강을 내리니 장차 들짐승 곧 승냥이와 타조도 나를 존경할 것은 내가 광야에 물을, 사막에 강들을 내어 내 백성, 내가 택한 자에게 마시게 할 것임이라 (사 43:18~20)

우리는 수많은 사람들처럼 하나님의 말씀을 혼잡하게 하지 아니하고 곧 순전함으로 하나님께 받은 것 같이 하나님 앞에서와 그리스도 안에서 말하노라 (고후 2:17)

03 신앙계승의 말씀

신명기 6장 4-9절(Shemang 신앙계승의 말씀 INHERIT & MISSION)

4 이스라엘아 들으라 우리 하나님 여호와는 오직 유일한 여호와이시니 5 너는 마음을 다하고 뜻을 다하고 힘을 다하여 네 하나님 여호와를 사랑하라 6 오늘 내가 네게 명하는 이 말씀을 너는 마음에 새기고 7 네 자녀에게 부지런히 가르치며 집에 앉았을 때에든지 길을 갈 때에든지 누워 있을 때에든지 일어날 때에든지 이 말씀을 강론할 것이며 8 너는 또 그것을 네 손목에 매어 기호를 삼으며 네 미간에 붙여 표로 삼고 9 또 네 집 문설주와 바깥 문에 기록할지니라

15분의 기적 테필린복음의 15분 사용법

1. 테필린복음을 선포하기 위해 매일 기적의 15분을 만들라.
2. 테필린복음을 선포하기 전후에 '반드시 이루어지리라'고 믿고 기도해야 한다.
3. 테필린복음을 교회에서 선포할 때 인도자가 큰 소리로 질문하면 성도들은 큰소리로 해당 말씀으로 답변한다. 2인 1조나 개인적으로 할 때도 방법은 같다.
4. 테필린복음을 선포할 때 장, 절을 뒤에 붙이고 아멘 아멘으로 고백하라. 말씀의 출처는 말씀만큼 중요하다.
5. 테필린복음은 총 4개의 주제로 되어 있어서 다음과 같이 사용할 수 있다.
   월요일: 구원의 말씀, 화요일: 헌신의 말씀, 수요일: 신앙계승의 말씀, 목요일: 구원의 말씀, 금요일: 헌신의 말씀, 토요일: 신앙계승의 말씀, 주일: 축복의 말씀
6. 테필린복음은 개인, 일대일, 소그룹, 중그룹, 대그룹이 모두 가능하도록 꾸며졌다.
7. 테필린복음은 결석이나 지각없이 성실하게 훈련에 임해야 한다.
8. 테필린복음의 시한은 없으며 400절 말씀의 암송 후에도 선포는 계속되어야 한다.
9. 테필린복음을 교회와 가정에서 잘 활용하기 위해서는 가능한 15분의 기적 테필린복음 전문강사세미나에 참여하도록 한다.
10. 테필린복음의 최종목적은 하나님의 말씀에 순종하여 복을 받기 위함이다.

- 주께서 하신 말씀이 반드시 이루어지리라고 믿은 그 여자에게 복이 있도다 (누가복음 1:45)
- 온 땅이여 여호와께 노래하며 그의 구원을 날마다 선포할지어다 그의 영광을 모든 민족 중에, 그의 기이한 행적을 만민 중에 선포할지어다(역대상 16:23-24)

수평적 신앙계승 _ 전도자의 심정

01
Tefillin

1-2. 어떤 심정으로 씨를 뿌려야 합니까?

시편 126:5-6

5 눈물을 흘리며 씨를 뿌리는 자는 기쁨으로 거두리로다 6 울며 씨를 뿌리러 나가는 자는 반드시 기쁨으로 그 곡식 단을 가지고 돌아오리로다 (시 126:5-6)

3-4. 우리는 어떤 심정을 가져야 합니까?

로마서 1:14-15

14 헬라인이나 야만인이나 지혜 있는 자나 어리석은 자에게 다 내가 빚진 자라 15 그러므로 나는 할 수 있는 대로 로마에 있는 너희에게도 복음 전하기를 원하노라 (롬 1:14-15)

5-7. 어떻게 자기의 상을 받습니까?

고린도전서 3:6-8

6 나는 심었고 아볼로는 물을 주었으되 오직 하나님께서 자라나게 하셨나니 7 그런즉 심는 이나 물주는 이는 아무 것도 아니로되 오직 자라게 하시는 이는 하나님뿐이니라 8 심는 이와 물주는 이는 한가지이나 각각 자기가 일한 대로 자기의 상을 받으리라 (고전 3:6-8)

8. 우리가 전파하는 것은 무엇입니까?

고린도후서 4:5

5 우리는 우리를 전파하는 것이 아니라 오직 그리스도 예수의 주 되신 것과 또 예수를 위하여 우리가 너희의 종 된 것을 전파함이라 (고후 4:5)

9-10. 예수님이 오신 이유는 무엇입니까?

누가복음 5:31-32

31 예수께서 대답하여 이르시되 건강한 자에게는 의사가 쓸 데 없고 병든 자에게라야 쓸 데 있나니 32 내가 의인을 부르러 온 것이 아니요 죄인을 불러 회개시키러 왔노라 (눅 5:31-32)

11-14. 죄인 하나가 회개하면 하늘에서는 어떤 일이 일어납니까?

누가복음 15:4-7

4 너희 중에 어떤 사람이 양 백 마리가 있는데 그 중의 하나를 잃으면 아흔아홉 마리를 들에 두고 그 잃은 것을 찾아내기까지 찾아다니지 아니하겠느냐 5 또 찾아낸즉 즐거워 어깨에 메고 6 집에 와서 그 벗과 이웃을 불러 모으고 말하되 나와 함께 즐기자 나의 잃은 양을 찾아내었노라 하리라 7 내가 너희에게 이르노니 이와 같이 죄인 한 사람이 회개하면 하늘에서는 회개할 것 없는 의인 아흔아홉으로 말미암아 기뻐하는 것보다 더하리라 (눅 15:4-7)

15-17. 예수님의 멍에는 어떤 멍에입니까?

마태복음 11:28-30

28 수고하고 무거운 짐 진 자들아 다 내게로 오라 내가 너희를 쉬게 하리라 29 나는 마음이 온유하고 겸손하니 나의 멍에를 메고 내게 배우라 그리하면 너희 마음이 쉼을 얻으리니 30 이는 내 멍에는 쉽고 내 짐은 가벼움이라 하시니라 (마 11:28-30)

02 수평적 신앙계승 _ 전도의 사명

18-19. 우리에게 주신 지상대명령은 무엇입니까?

마태복음 28:19-20

19 그러므로 너희는 가서 모든 민족을 제자로 삼아 아버지와 아들과 성령의 이름으로 세례(침례)를 베풀고 20 내가 너희에게 분부한 모든 것을 가르쳐 지키게 하라 볼지어다 내가 세상 끝날까지 너희와 항상 함께 있으리라 하시니라 (마 28:19-20)

20-21. 우리에게 주신 큰 명령은 무엇입니까?

마가복음 16:15-16

15 또 이르시되 너희는 온 천하에 다니며 만민에게 복음을 전파하라 16 믿고 세례(침례)를 받는 사람은 구원을 얻을 것이요 믿지 않는 사람은 정죄를 받으리라 (막 16:15-16)

22-23. 전도의 모델이 되신 분이 누구십니까?

마가복음 1:38-39

38 이르시되 우리가 다른 가까운 마을들로 가자 거기서도 전도하리니

내가 이를 위하여 왔노라 하시고 39 이에 온 갈릴리에 다니시며 그들의 여러 회당에서 전도하시고 또 귀신들을 내쫓으시더라 (막 1:38-39)

24. 우리는 누구의 증인이 되어야 합니까?

사도행전 1:8

8 오직 성령이 너희에게 임하시면 너희가 권능을 받고 예루살렘과 온 유대와 사마리아와 땅 끝까지 이르러 내 증인이 되리라 하시니라 (행 1:8)

25. 누구를 따라가야 합니까?

마태복음 4:19

19 말씀하시되 나를 따라오라 내가 너희를 사람을 낚는 어부가 되게 하리라 하시니 (마 4:19)

26. 어떤 자세로 달려가야 합니까?

사도행전 20:24

24 내가 달려갈 길과 주 예수께 받은 사명 곧 하나님의 은혜의 복음을 증언하는 일을 마치려 함에는 나의 생명조차 조금도 귀한 것으로 여기지 아니하노라 (행 20:24)

27. 마음이 불붙는 이유는 무엇이었습니까?

예레미야 20:9

9 내가 다시는 여호와를 선포하지 아니하며 그의 이름으로 말하지 아니하리라 하면 나의 마음이 불붙는 것 같아서 골수에 사무치니 답답하여 견딜 수 없나이다 (렘 20:9)

28-29. 복음의 능력은 무엇입니까?

로마서 1:16-17

16 내가 복음을 부끄러워하지 아니하노니 이 복음은 모든 믿는 자에게 구원을 주시는 하나님의 능력이 됨이라 먼저는 유대인에게요 그리고 헬라인에게로다 17 복음에는 하나님의 의가 나타나서 믿음으로 믿음에 이르게 하나니 기록된 바 오직 의인은 믿음으로 말미암아 살리라 함과 같으니라 (롬 1:16-17)

30-34. 우리가 항상 힘써야 할 것은 무엇입니까?

디모데후서 4:1-5

1 하나님 앞과 살아 있는 자와 죽은 자를 심판하실 그리스도 예수 앞에서 그가 나타나실 것과 그의 나라를 두고 엄히 명하노니 2 너는 말씀을 전파하라 때를 얻든지 못 얻든지 항상 힘쓰라 범사에 오래 참음과 가르침으로 경책하며 경계하며 권하라 3 때가 이르리니 사람이 바른

교훈을 받지 아니하며 귀가 가려워서 자기의 사욕을 따를 스승을 많이 두고 4 또 그 귀를 진리에서 돌이켜 허탄한 이야기를 따르리라 5 그러나 너는 모든 일에 신중하여 고난을 받으며 전도자의 일을 하며 네 직무를 다하라 (딤후 4:1-5)

35-36. 복음을 전하는 자의 발이 아름다운 이유는 무엇입니까?

로마서 10:14-15

14 그런즉 그들이 믿지 아니하는 이를 어찌 부르리요 듣지도 못한 이를 어찌 믿으리요 전파하는 자가 없이 어찌 들으리요 15 보내심을 받지 아니하였으면 어찌 전파하리요 기록된 바 아름답도다 좋은 소식을 전하는 자들의 발이여 함과 같으니라 (롬 10:14-15)

03 Tefillin 수직적 신앙계승 _ 자녀교육

37-42. 마음과 뜻과 힘을 다하여 하나님을 사랑하는 방법은 무엇입니까?

신명기 6:4-9

4 이스라엘아 들으라 우리 하나님 여호와는 오직 유일한 여호와이시니 5 너는 마음을 다하고 뜻을 다하고 힘을 다하여 네 하나님 여호와를 사랑하라 6 오늘 내가 네게 명하는 이 말씀을 너는 마음에 새기고 7 네 자녀에게 부지런히 가르치며 집에 앉았을 때에든지 길을 갈 때에든지 누워 있을 때에든지 일어날 때에든지 이 말씀을 강론할 것이며 8 너는 또 그것을 네 손목에 매어 기호를 삼으며 네 미간에 붙여 표로 삼고 9 또 네 집 문설주와 바깥 문에 기록할지니라 (신 6:4-9)

43-45. 왜 어렸을 때부터 성경을 알게 해야 합니까?

디모데후서 3:15-17

15 또 어려서부터 성경을 알았나니 성경은 능히 너로 하여금 그리스도 예수 안에 있는 믿음으로 말미암아 구원에 이르는 지혜가 있게 하느니라 16 모든 성경은 하나님의 감동으로 된 것으로 교훈과 책망과 바르게 함과 의로 교육하기에 유익하니 17 이는 하나님의 사람으로 온전하게 하며 모든 선한 일을 행할 능력을 갖추게 하려 함이라 (딤후 3:15-17)

46-50. 하나님을 경외하는 법이 무엇입니까?

시편 34:11-15

11 너희 자녀들아 와서 내 말을 들으라 내가 여호와를 경외하는 법을 너희에게 가르치리로다 12 생명을 사모하고 연수를 사랑하여 복 받기를 원하는 사람이 누구뇨 13 네 혀를 악에서 금하며 네 입술을 거짓말에서 금할지어다 14 악을 버리고 선을 행하며 화평을 찾아 따를지어다 15 여호와의 눈은 의인을 향하시고 그의 귀는 그들의 부르짖음에 기울이시는도다 (시 34:11-15)

---

51. 어떤 체현의 삶을 살아야 합니까?

디모데전서 4:12

12 누구든지 네 연소함을 업신여기지 못하게 하고 오직 말과 행실과 사랑과 믿음과 정절에 있어서 믿는 자에게 본이 되어 (딤전 4:12)

52-54. 부모에게 순종하고 공경하는 것은 어떤 계명입니까?

에베소서 6:1-3

1 자녀들아 주 안에서 너희 부모에게 순종하라 이것이 옳으니라 2 네 아버지와 어머니를 공경하라 이것은 약속이 있는 첫 계명이니 3 이로써 네가 잘되고 땅에서 장수하리라 (엡 6:1-3)

55-56. 삶이 힘들고 환경이 좋지 않을 때에도 하나님을 믿는 사람은 어떤 삶의 자세를 가져야 합니까?

하박국 3:17-18

17 비록 무화과나무가 무성하지 못하며 포도나무에 열매가 없으며 감람나무에 소출이 없으며 밭에 먹을 것이 없으며 우리에 양이 없으며 외양간에 소가 없을지라도 18 나는 여호와로 말미암아 즐거워하며 나의 구원의 하나님으로 말미암아 기뻐하리로다 (합 3:17-18)

57. 하나님을 믿는 사람의 궁극적 삶의 목표는 무엇입니까?

고린도전서 10:31

31 그런즉 너희가 먹든지 마시든지 무엇을 하든지 다 하나님의 영광을 위하여 하라 (고전 10:31)

58-59. 어떤 인생에게 은혜와 긍휼이 있습니까?

다니엘 1:8-9

8 다니엘은 뜻을 정하여 왕의 음식과 그가 마시는 포도주로 자기를 더럽히지 아니하리라 하고 자기를 더럽히지 아니하도록 환관장에게 구하니 9 하나님이 다니엘로 하여금 환관장에게 은혜와 긍휼을 얻게 하신지라 (단 1:8-9)

60. 하나님은 어떤 사람에게 은혜를 주십니까?

베드로전서 5:5

5 젊은 자들아 이와 같이 장로들에게 순종하고 다 서로 겸손으로 허리를 동이라 하나님은 교만한 자를 대적하시되 겸손한 자들에게는 은혜를 주시느니라 (벧전 5:5)

신앙계승의 내용

61-64. 그리스도 예수의 마음은 어떤 마음입니까?

빌립보서 2:5-8

5 너희 안에 이 마음을 품으라 곧 그리스도 예수의 마음이니 6 그는 근본 하나님의 본체시나 하나님과 동등됨을 취할 것으로 여기지 아니하시고 7 오히려 자기를 비워 종의 형체를 가지사 사람들과 같이 되셨고 8 사람의 모양으로 나타나사 자기를 낮추시고 죽기까지 복종하셨으니 곧 십자가에 죽으심이라 (빌 2:5-8)

65-67. 우리를 향하신 하나님의 뜻은 무엇입니까?

데살로니가전서 5:16-18

16 항상 기뻐하라 17 쉬지 말고 기도하라 18 범사에 감사하라 이것이 그리스도 예수 안에서 너희를 향하신 하나님의 뜻이니라 (살전 5:16-18)

68-69. 새 계명은 무엇입니까?

요한복음 13:34-35

34 새 계명을 너희에게 주노니 서로 사랑하라 내가 너희를 사랑한 것

같이 너희도 서로 사랑하라 35 너희가 서로 사랑하면 이로써 모든 사람이 너희가 내 제자인 줄 알리라 (요 13:34-35)

70-72. 무엇으로 우리의 행실을 깨끗하게 합니까?

시편 119:9-11

9 청년이 무엇으로 그의 행실을 깨끗하게 하리이까 주의 말씀만 지킬 따름이니이다 10 내가 전심으로 주를 찾았사오니 주의 계명에서 떠나지 말게 하소서 11 내가 주께 범죄하지 아니하려 하여 주의 말씀을 내 마음에 두었나이다 (시 119:9-11)

73. 있는 바를 족한 줄 알아야 하는 이유는 무엇입니까?

히브리서 13:5

5 돈을 사랑하지 말고 있는 바를 족한 줄로 알라 그가 친히 말씀하시기를 내가 결코 너희를 버리지 아니하고 너희를 떠나지 아니하리라 하셨느니라 (히 13:5)

74. 음행을 피해야 하는 이유는 무엇입니까?

고린도전서 6:18

18 음행을 피하라 사람이 범하는 죄마다 몸 밖에 있거니와 음행하는 자는 자기 몸에 죄를 범하느니라 (고전 6:18)

---

75. 도둑질하던 사람은 어떻게 돌이켜야 합니까?

에베소서 4:28

28 도둑질하는 자는 다시 도둑질하지 말고 돌이켜 가난한 자에게 구제할 수 있도록 자기 손으로 수고하여 선한 일을 하라 (엡 4:28)

76-77. 우리 속에 무엇이 풍성해야 합니까?

골로새서 3:16-17

16 그리스도의 말씀이 너희 속에 풍성히 거하여 모든 지혜로 피차 가르치며 권면하고 시와 찬송과 신령한 노래를 부르며 감사하는 마음으로 하나님을 찬양하고 17 또 무엇을 하든지 말에나 일에나 다 주 예수의 이름으로 하고 그를 힘입어 하나님 아버지께 감사하라 (골 3:16-17)

78. 소망에 관한 이유를 묻는 자에게 어떻게 해야 합니까?

베드로전서 3:15

15 너희 마음에 그리스도를 주로 삼아 거룩하게 하고 너희 속에 있는 소망에 관한 이유를 묻는 자에게는 대답할 것을 항상 준비하되 온유와 두려움으로 하고 (벧전 3:15)

79. 우리는 누구의 향기입니까?

고린도후서 2:15

15 우리는 구원 받는 자들에게나 망하는 자들에게나 하나님 앞에서 그리스도의 향기니 (고후 2:15)

05 Tefillin 잠언의 말씀

80-84. 잠언의 기록 목적은 무엇입니까?

잠언 1:1-5

1 다윗의 아들 이스라엘 왕 솔로몬의 잠언이라 2 이는 지혜와 훈계를 알게 하며 명철의 말씀을 깨닫게 하며 3 지혜롭게, 공의롭게, 정의롭게, 정직하게 행할 일에 대하여 훈계를 받게 하며 4 어리석은 자를 슬기롭게 하며 젊은 자에게 지식과 근신함을 주기 위한 것이니 5 지혜 있는 자는 듣고 학식이 더할 것이요 명철한 자는 지략을 얻을 것이라 (잠 1:1-5)

85-90. 하나님과 사람 앞에서 은총과 귀중히 여김을 받는 방법은 무엇입니까?

잠언 3:1-6

1 내 아들아 나의 법을 잊어버리지 말고 네 마음으로 나의 명령을 지키라 2 그리하면 그것이 네가 장수하여 많은 해를 누리게 하며 평강을 더하게 하리라 3 인자와 진리가 네게서 떠나지 말게 하고 그것을 네 목에 매며 네 마음판에 새기라 4 그리하면 네가 하나님과 사람 앞에서 은총과 귀중히 여김을 받으리라 5 너는 마음을 다하여 여호와를 신뢰하고 네 명철을 의지하지 말라 6 너는 범사에 그를 인정하라 그리하면 네 길을 지도하시리라 (잠 3:1-6)

91-94. 우리가 지켜야 할 것은 무엇입니까?

잠언 4:20-23

20 내 아들아 내 말에 주의하며 내가 말하는 것에 네 귀를 기울이라 21 그것을 네 눈에서 떠나게 하지 말며 네 마음 속에 지키라 22 그것은 얻는 자에게 생명이 되며 그의 온 육체의 건강이 됨이니라 23 모든 지킬 만한 것 중에 더욱 네 마음을 지키라 생명의 근원이 이에서 남이니라 (잠 4:20-23)

95. 어떻게 아이를 가르쳐야 합니까?

잠언 22:6

6 마땅히 행할 길을 아이에게 가르치라 그리하면 늙어도 그것을 떠나지 아니하리라 (잠 22:6)

96. 성을 빼앗는 것보다 더 중요한 것은 무엇입니까?

잠언 16:32

32 노하기를 더디하는 자는 용사보다 낫고 자기의 마음을 다스리는 자는 성을 빼앗는 자보다 나으니라 (잠 16:32)

97-98. 죽고 사는 것이 어디에 달렸습니까?

잠언 18:8, 21

8 남의 말하기를 좋아하는 자의 말은 별식과 같아서 뱃속 깊은 데로 내려가느니라
21 죽고 사는 것이 혀의 힘에 달렸나니 혀를 쓰기 좋아하는 자는 혀의 열매를 먹으리라 (잠 18:8, 21)

99. 어떤 사람이 왕 앞에 서게 됩니까?

잠언 22:29

29 네가 자기의 일에 능숙한 사람을 보았느냐 이러한 사람은 왕 앞에 설 것이요 천한 자 앞에 서지 아니하리라 (잠 22:29)

100. 걸음을 인도하시는 분은 누구십니까?

잠언 16:9

9 사람이 마음으로 자기의 길을 계획할지라도 그의 걸음을 인도하시는 이는 여호와시니라 (잠 16:9)

15분의 기적 테필린복음의 10대 효과

1. 테필린복음은 사람의 생각이나 인본주의가 개입되지 않은 순도 100%의 하나님의 말씀으로 큰소리로 선포하면 육신의 질병이 치료되고 내적치유가 이루어진다.(말 4:2)

2. 테필린복음을 선포하면 나를 사로잡고 있는 죄성, 악한 생각, 상처, 욕심, 부정적인 생각들이 깨끗하게 씻어진다.(사 1:18)

3. 테필린복음을 가정에서 선포하면 하나님의 복이 임하고 저주가 떠나간다.(신 11:21)

4. 테필린복음을 교회에서 선포하면 교회의 부흥이 일어나고 전도의 문이 열린다. (행 5:14)

5. 테필린복음을 사업장에서 선포하면 사업이 평탄하고 형통해진다.(신 11:14-15)

6. 테필린복음을 선포하면 귀신이 떠나가고 모든 악재(惡材)들이 사라진다.(약 4:7)

7. 테필린복음을 자녀들이 선포하면 언어습득능력, 집중력, 기억력, 해석력이 향상된다.(신 28:13)

8. 테필린복음을 1년 이상 선포하면 매년 최소 10명 이상을 전도하게 되며 전도왕이 탄생된다.(행 5:42)

9. 테필린복음은 구원, 헌신, 신앙계승, 축복의 400절 말씀을 마음에 새기게 한다. (눅 2:19)

10. 테필린복음을 선포하면 성도들의 물질문제들이 해결되고 교회재정이 몇 배로 증가한다.(신 28:12)

테필린복음 구호
Tefillin Gospel Motto

내가 구원받아야 하고,
내가 헌신해야 하고,
내가 신앙계승해야 하고,
내가 복을 받아야 한다.
아멘! 아멘!

테필린복음 선포기도문

하나님 아버지, 테필린복음을 선포할 때 하나님이 주시는 완전한 진리를 성령님을 통해 밝히 알게 하여 주시기를 원합니다. '하나님의 말씀이 네 입에 있게 하라'는 말씀에 의지하여 이 시간 테필린복음을 선포합니다. 사탄의 방해를 막아주시고 말씀으로 승리하게 하옵소서. 말씀을 선포하는 가운데 하나님의 음성을 듣게 하시고, 성령의 임재를 체험하게 하시고, 기쁨이 충만하게 하옵소서. 중도에 포기하지 않도록 지켜주시고, 선포 중 잡념에 사로잡히지 않도록 지켜주옵소서. 테필린복음이 전국 방방곡곡에서 선포되게 하시고 더 나아가 이민교회와 선교사님들도 함께 선포하는 가운데 사탄의 역사가 제한되고 승리의 찬가가 넘치게 하시고 부흥이 일어나게 하옵소서. 예수님의 이름으로 기도합니다. 아멘.

너희는 이전 일을 기억하지 말며 옛날 일을 생각하지 말라 보라 내가 새 일을 행하리니 이제 나타낼 것이라 너희가 그것을 알지 못하겠느냐 반드시 내가 광야에 길을 사막에 강을 내리니 장차 들짐승 곧 승냥이와 타조도 나를 존경할 것은 내가 광야에 물을, 사막에 강들을 내어 내 백성, 내가 택한 자에게 마시게 할 것임이라(사 43:18~20)

우리는 수많은 사람들처럼 하나님의 말씀을 혼잡하게 하지 아니하고 곧 순전함으로 하나님께 받은 것 같이 하나님 앞에서와 그리스도 안에서 말하노라(고후 2:17)

04 축복의 말씀

신명기 11장 13-21절(VeHayah Ngim Shamoang 축복의 말씀 BLESSING)

13 내가 오늘 너희에게 명하는 내 명령을 너희가 만일 청종하고 너희의 하나님 여호와를 사랑하여 마음을 다하고 뜻을 다하여 섬기면 14 여호와께서 너희의 땅에 이른 비, 늦은 비를 적당한 때에 내리시리니 너희가 곡식과 포도주와 기름을 얻을 것이요 15 또 가축을 위하여 들에 풀이 나게 하시리니 네가 먹고 배부를 것이라 16 너희는 스스로 삼가라 두렵건대 마음에 미혹하여 돌이켜 다른 신들을 섬기며 그것에게 절하므로 17 여호와께서 너희에게 진노하사 하늘을 닫아 비를 내리지 아니하여 땅이 소산을 내지 않게 하시므로 너희가 여호와께서 주신 아름다운 땅에서 속히 멸망할까 하노라 18 이러므로 너희는 나의 이 말을 너희의 마음과 뜻에 두고 또 그것을 너희의 손목에 매어 기호를 삼고 너희 미간에 붙여 표를 삼으며 19 또 그것을 너희의 자녀에게 가르치며 집에 앉아 있을 때에든지, 길을 갈 때에든지, 누워 있을 때에든지, 일어날 때에든지 이 말씀을 강론하고 20 또 네 집 문설주와 바깥 문에 기록하라 21 그리하면 여호와께서 너희 조상들에게 주리라고 맹세하신 땅에서 너희의 날과 너희의 자녀의 날이 많아서 하늘이 땅을 덮는 날과 같으리라

15분의 기적 테필린복음의 15분 사용법

1. 테필린복음을 선포하기 위해 매일 기적의 15분을 만들라.
2. 테필린복음을 선포하기 전후에 '반드시 이루어지리라'고 믿고 기도해야 한다.
3. 테필린복음을 교회에서 선포할 때 인도자가 큰 소리로 질문하면 성도들은 큰소리로 해당 말씀으로 답변한다. 2인 1조나 개인적으로 할 때도 방법은 같다.
4. 테필린복음을 선포할 때 장, 절을 뒤에 붙이고 아멘 아멘으로 고백하라. 말씀의 출처는 말씀만큼 중요하다.
5. 테필린복음은 총 4개의 주제로 되어 있어서 다음과 같이 사용할 수 있다.
   월요일: 구원의 말씀, 화요일: 헌신의 말씀, 수요일: 신앙계승의 말씀, 목요일: 구원의 말씀, 금요일: 헌신의 말씀, 토요일: 신앙계승의 말씀, 주일: 축복의 말씀
6. 테필린복음은 개인, 일대일, 소그룹, 중그룹, 대그룹이 모두 가능하도록 꾸며졌다.
7. 테필린복음은 결석이나 지각없이 성실하게 훈련에 임해야 한다.
8. 테필린복음의 시한은 없으며 400절 말씀의 암송 후에도 선포는 계속되어야 한다.
9. 테필린복음을 교회와 가정에서 잘 활용하기 위해서는 가능한 15분의 기적 테필린복음 전문강사세미나에 참여하도록 한다.
10. 테필린복음의 최종목적은 하나님의 말씀에 순종하여 복을 받기 위함이다.

- 주께서 하신 말씀이 반드시 이루어지리라고 믿은 그 여자에게 복이 있도다 (누가복음 1:45)
- 온 땅이여 여호와께 노래하며 그의 구원을 날마다 선포할지어다 그의 영광을 모든 민족 중에, 그의 기이한 행적을 만민 중에 선포할지어다(역대상 16:23-24)

하나님의 복의 말씀

01
Tefillin

1. 하나님께서 사람에게 어떤 복을 주셨습니까?

창세기 1:28

28 하나님이 그들에게 복을 주시며 하나님이 그들에게 이르시되 생육하고 번성하여 땅에 충만하라, 땅을 정복하라, 바다의 물고기와 하늘의 새와 땅에 움직이는 모든 생물을 다스리라 하시니라 (창 1:28)

2-3. 아브라함에게 어떤 복을 주셨습니까?

창세기 12:2-3

2 내가 너로 큰 민족을 이루고 네게 복을 주어 네 이름을 창대하게 하리니 너는 복이 될지라 3 너를 축복하는 자에게는 내가 복을 내리고 너를 저주하는 자에게는 내가 저주하리니 땅의 모든 족속이 너로 말미암아 복을 얻을 것이라 하신지라 (창 12:2-3)

4-7. 하나님은 어떻게 축복하라고 하셨습니까?

민수기 6:24-27

24 여호와는 네게 복을 주시고 너를 지키시기를 원하며 25 여호와는 그의 얼굴을 네게 비추사 은혜 베푸시기를 원하며 26 여호와는 그 얼굴을 네게로 향하여 드사 평강 주시기를 원하노라 할지니라 하라 27 그들은 이같이 내 이름으로 이스라엘 자손에게 축복할지니 내가 그들에게 복을 주리라 (민 6:24-27)

---

8. 두려워하거나 놀라지 말아야 할 이유는 무엇입니까?

이사야 41:10

10 두려워하지 말라 내가 너와 함께 함이라 놀라지 말라 나는 네 하나님이 됨이라 내가 너를 굳세게 하리라 참으로 너를 도와주리라 참으로 나의 의로운 오른손으로 너를 붙들리라 (사 41:10)

9-10. 우리를 지으신 하나님의 약속은 무엇입니까?

이사야 43:1-2

1 야곱아 너를 창조하신 여호와께서 지금 말씀하시느니라 이스라엘아 너를 지으신 이가 말씀하시느니라 너는 두려워하지 말라 내가 너를 구속하였고 내가 너를 지명하여 불렀나니 너는 내 것이라 2 네가 물 가운데로 지날 때에 내가 너와 함께 할 것이라 강을 건널 때에 물이 너를

침몰하지 못할 것이며 네가 불 가운데로 지날 때에 타지도 아니할 것이요 불꽃이 너를 사르지도 못하리니 (사 43:1-2)

11-18. 예수님이 말씀하신 8복은 어떤 복입니까?

마태복음 5:3-10

3 심령이 가난한 자는 복이 있나니 천국이 그들의 것임이요 4 애통하는 자는 복이 있나니 그들이 위로를 받을 것임이요 5 온유한 자는 복이 있나니 그들이 땅을 기업으로 받을 것임이요 6 의에 주리고 목마른 자는 복이 있나니 그들이 배부를 것임이요 7 긍휼히 여기는 자는 복이 있나니 그들이 긍휼히 여김을 받을 것임이요 8 마음이 청결한 자는 복이 있나니 그들이 하나님을 볼 것임이요 9 화평하게 하는 자는 복이 있나니 그들이 하나님의 아들이라 일컬음을 받을 것임이요 10 의를 위하여 박해를 받은 자는 복이 있나니 천국이 그들의 것임이라 (마 5:3-10)

19. 우리를 향한 하나님의 생각은 무엇입니까?

예레미야 29:11

11 여호와의 말씀이니라 너희를 향한 나의 생각을 내가 아나니 평안이요 재앙이 아니니라 너희에게 미래와 희망을 주는 것이니라 (렘 29:11)

20. 하나님께서는 심지가 견고한 사람을 어떻게 하십니까?

이사야 26:3

3 주께서 심지가 견고한 자를 평강하고 평강하도록 지키시리니 이는 그가 주를 신뢰함이니이다 (사 26:3)

21. 하나님은 어떤 하나님이십니까?

민수기 23:19

19 하나님은 사람이 아니시니 거짓말을 하지 않으시고 인생이 아니시니 후회가 없으시도다 어찌 그 말씀하신 바를 행하지 않으시며 하신 말씀을 실행하지 않으시랴 (민 23:19)

복의 조건

02
Tefillin

22-35. 하나님의 명령을 지켜 행하는 사람에게 주시는 복은 무엇입니까?

신명기 28:1-14

1 네가 네 하나님 여호와의 말씀을 삼가 듣고 내가 오늘 네게 명령하는 그의 모든 명령을 지켜 행하면 네 하나님 여호와께서 너를 세계 모든 민족 위에 뛰어나게 하실 것이라 2 네가 네 하나님 여호와의 말씀을 청종하면 이 모든 복이 네게 임하며 네게 이르리니 3 성읍에서도 복을 받고 들에서도 복을 받을 것이며 4 네 몸의 자녀와 네 토지의 소산과 네 짐승의 새끼와 소와 양의 새끼가 복을 받을 것이며 5 네 광주리와 떡 반죽 그릇이 복을 받을 것이며 6 네가 들어와도 복을 받고 나가도 복을 받을 것이니라 7 여호와께서 너를 대적하기 위해 일어난 적군들을 네 앞에서 패하게 하시리라 그들이 한 길로 너를 치러 들어왔으나 네 앞에서 일곱 길로 도망하리라 8 여호와께서 명령하사 네 창고와 네 손으로 하는 모든 일에 복을 내리시고 네 하나님 여호와께서 네게 주시는 땅에서 네게 복을 주실 것이며 9 여호와께서 네게 맹세하신 대로 너를 세워 자기의 성민이 되게 하시리니 이는 네가 네 하나님 여호와의 명령을 지켜 그 길로 행할 것임이니라 10 땅의 모든 백성이 여호와의 이름이 너를 위하여 불리는 것을 보고 너를 두려워하리라 11 여호와께서 네게 주리라고 네 조상들에게 맹세하신 땅에서 네게 복을 주사 네 몸의 소생과 가축의 새끼와 토지의 소산을 많게 하시며 12 여호와께서 너를 위하여 하늘의

아름다운 보고를 여시사 네 땅에 때를 따라 비를 내리시고 네 손으로 하는 모든 일에 복을 주시리니 네가 많은 민족에게 꾸어줄지라도 너는 꾸지 아니할 것이요 13 여호와께서 너를 머리가 되고 꼬리가 되지 않게 하시며 위에만 있고 아래에 있지 않게 하시리니 오직 너는 내가 오늘 네게 명령하는 네 하나님 여호와의 명령을 듣고 지켜 행하며 14 내가 오늘 너희에게 명령하는 그 말씀을 떠나 좌로나 우로나 치우치지 아니하고 다른 신을 따라 섬기지 아니하면 이와 같으리라 (신 28:1-14)

36. 평탄하고 형통의 삶은 어디에서 시작합니까?

여호수아 1:8

8 이 율법책을 네 입에서 떠나지 말게 하며 주야로 그것을 묵상하여 그 안에 기록된 대로 다 지켜 행하라 그리하면 네 길이 평탄하게 될 것이며 네가 형통하리라 (수 1:8)

37-39. 복 있는 사람이 되는 방법은 무엇입니까?

시편 1:1-3

1 복 있는 사람은 악인들의 꾀를 따르지 아니하며 죄인들의 길에 서지 아니하며 오만한 자들의 자리에 앉지 아니하고 2 오직 여호와의 율법을 즐거워하여 그의 율법을 주야로 묵상하는도다 3 그는 시냇가에 심은 나무가 철을 따라 열매를 맺으며 그 잎사귀가 마르지 아니함 같으니 그가 하는 모든 일이 다 형통하리로다 (시 1:1-3)

40. 어떤 사람에게 복이 있습니까?

요한계시록 1:3

3 이 예언의 말씀을 읽는 자와 듣는 자와 그 가운데에 기록한 것을 지키는 자는 복이 있나니 때가 가까움이라 (계 1:3)

41-42. 예수님은 어떤 사람에게 복이 있다고 하셨습니까?

누가복음 11:27-28

27 이 말씀을 하실 때에 무리 중에서 한 여자가 음성을 높여 이르되 당신을 밴 태와 당신을 먹인 젖이 복이 있나이다 하니 28 예수께서 이르시되 오히려 하나님의 말씀을 듣고 지키는 자가 복이 있느니라 하시니라 (눅 11:27-28)

43-46. 하나님의 명령은 어려운 명령입니까?

신명기 30:11-14

11 내가 오늘 네게 명령한 이 명령은 네게 어려운 것도 아니요 먼 것도 아니라 12 하늘에 있는 것이 아니니 네가 이르기를 누가 우리를 위하여 하늘에 올라가 그의 명령을 우리에게로 가지고 와서 우리에게 들려 행하게 하랴 할 것이 아니요 13 이것이 바다 밖에 있는 것이 아니니 네가 이르기를 누가 우리를 위하여 바다를 건너가서 그의 명령을 우리에게로 가지고 와서 우리에게 들려 행하게 하랴 할 것도 아니라 14 오직 그 말씀이 네게 매우 가까워서 네 입에 있으며 네 마음에 있은즉 네가 이를 행할 수 있느니라 (신 30:11-14)

47-63. 하나님이 명령하신 10가지 법의 내용이 무엇입니까?

출애굽기 20:1-17

1 하나님이 이 모든 말씀으로 말씀하여 이르시되 2 나는 너를 애굽 땅, 종 되었던 집에서 인도하여 낸 네 하나님 여호와니라 3 너는 나 외에는 다른 신들을 네게 두지 말라 4 너를 위하여 새긴 우상을 만들지 말고 또 위로 하늘에 있는 것이나 아래로 땅에 있는 것이나 땅 아래 물 속에 있는 것의 어떤 형상도 만들지 말며 5 그것들에게 절하지 말며 그것들을 섬기지 말라 나 네 하나님 여호와는 질투하는 하나님인즉 나를 미워하는 자의 죄를 갚되 아버지로부터 아들에게로 삼사 대까지 이르게 하거니와 6 나를 사랑하고 내 계명을 지키는 자에게는 천 대까지 은혜를 베푸느니라 7 너는 네 하나님 여호와의 이름을 망령되게 부르지 말라 여호와는 그의

이름을 망령되게 부르는 자를 죄 없다 하지 아니하리라 8 안식일을 기억하여 거룩하게 지키라 9 엿새 동안은 힘써 네 모든 일을 행할 것이나 10 일곱째 날은 네 하나님 여호와의 안식일인즉 너나 네 아들이나 네 딸이나 네 남종이나 네 여종이나 네 가축이나 네 문안에 머무는 객이라도 아무 일도 하지 말라 11 이는 엿새 동안에 나 여호와가 하늘과 땅과 바다와 그 가운데 모든 것을 만들고 일곱째 날에 쉬었음이라 그러므로 나 여호와가 안식일을 복되게 하여 그 날을 거룩하게 하였느니라 12 네 부모를 공경하라 그리하면 네 하나님 여호와가 네게 준 땅에서 네 생명이 길리라 13 살인하지 말라 14 간음하지 말라 15 도둑질하지 말라 16 네 이웃에 대하여 거짓 증거하지 말라 17 네 이웃의 집을 탐내지 말라 네 이웃의 아내나 그의 남종이나 그의 여종이나 그의 소나 그의 나귀나 무릇 네 이웃의 소유를 탐내지 말라 (출 20:1-17)

03 Tefillin 복을 받은 사람들

64. 니고데모의 말에서 예수님은 어떤 분입니까?

요한복음 3:2

2 그가 밤에 예수께 와서 이르되 랍비여 우리가 당신은 하나님께로부터 오신 선생인 줄 아나이다 하나님이 함께 하시지 아니하시면 당신이 행하시는 이 표적을 아무도 할 수 없음이니이다 (요 3:2)

65. 왜 마리아는 복이 있는 여자가 되었습니까?

누가복음 1:45

45 주께서 하신 말씀이 반드시 이루어지리라고 믿은 그 여자에게 복이 있도다 (눅 1:45)

66. 아브라함의 범사는 어떠했습니까?

창세기 24:1

1 아브라함이 나이가 많아 늙었고 여호와께서 그에게 범사에 복을 주셨더라 (창 24:1)

---

67. 아브라함은 어떤 복을 누렸습니까?

창세기 24:35

35 여호와께서 나의 주인에게 크게 복을 주시어 창성하게 하시되 소와 양과 은금과 종들과 낙타와 나귀를 그에게 주셨고 (창 24:35)

68-69. 이삭은 몇 배의 복을 받았습니까?

창세기 26:12-13

12 이삭이 그 땅에서 농사하여 그 해에 백 배나 얻었고 여호와께서 복을 주시므로 13 그 사람이 창대하고 왕성하여 마침내 거부가 되어 (창 26:12-13)

70. 야곱이 벧엘로 올라왔을 때 하나님은 어떻게 하셨습니까?

창세기 35:9

9 야곱이 밧단아람에서 돌아오매 하나님이 다시 야곱에게 나타나사 그에게 복을 주시고 (창 35:9)

---

71. 요셉의 복은 누구와 어디까지 미쳤습니까?

창세기 39:5

5 그가 요셉에게 자기의 집과 그의 모든 소유물을 주관하게 한 때부터 여호와께서 요셉을 위하여 그 애굽 사람의 집에 복을 내리시므로 여호와의 복이 그의 집과 밭에 있는 모든 소유에 미친지라 (창 39:5)

---

72. 야베스가 받은 복은 어떤 복입니까?

역대상 4:10

10 야베스가 이스라엘 하나님께 아뢰어 이르되 주께서 내게 복을 주시려거든 나의 지역을 넓히시고 주의 손으로 나를 도우사 나로 환난을 벗어나 내게 근심이 없게 하옵소서 하였더니 하나님이 그가 구하는 것을 허락하셨더라 (대상 4:10)

73. 오벧에돔의 집에 어떤 일이 일어났습니까?

역대상 13:14

14 하나님의 궤가 오벧에돔의 집에서 그의 가족과 함께 석 달을 있으니라 여호와께서 오벧에돔의 집과 그의 모든 소유에 복을 내리셨더라 (대상 13:14)

---

74. 하나님께서 웃시야를 형통하게 하신 이유는 무엇입니까?

역대하 26:5

5 하나님의 묵시를 밝히 아는 스가랴가 사는 날에 하나님을 찾았고 그가 여호와를 찾을 동안에는 하나님이 형통하게 하셨더라 (대하 26:5)

---

75. 욥에게 복을 주신 분은 누구십니까?

욥기 42:12

12 여호와께서 욥의 말년에 욥에게 처음보다 더 복을 주시니 그가 양 만 사천과 낙타 육천과 소 천 겨리와 암나귀 천을 두었고 (욥 42:12)

04 Tefillin 그리스도인이 받는 복

76. 우리의 신분은 무엇입니까?

베드로전서 2:9

9 그러나 너희는 택하신 족속이요 왕 같은 제사장들이요 거룩한 나라요 그의 소유가 된 백성이니 이는 너희를 어두운 데서 불러 내어 그의 기이한 빛에 들어가게 하신 이의 아름다운 덕을 선포하게 하려 하심이라
(벧전 2:9)

---

77. 하나님의 이름을 경외하는 자에게 주시는 복은 무엇입니까?

말라기 4:2

2 내 이름을 경외하는 너희에게는 공의로운 해가 떠올라서 치료하는 광선을 비추리니 너희가 나가서 외양간에서 나온 송아지 같이 뛰리라
(말 4:2)

---

78. 예수님이 주시는 평안은 어떤 평안입니까?

요한복음 14:27

27 평안을 너희에게 끼치노니 곧 나의 평안을 너희에게 주노라 내가

너희에게 주는 것은 세상이 주는 것과 같지 아니하니라 너희는 마음에 근심하지도 말고 두려워하지도 말라 (요 14:27)

79. 예수님을 위하여 헌신한 자에게 주시는 복은 무엇입니까?

마태복음 19:29

29 또 내 이름을 위하여 집이나 형제나 자매나 부모나 자식이나 전토를 버린 자마다 여러 배를 받고 또 영생을 상속하리라 (마 19:29)

80. 영혼의 잘됨 같이 함께 누릴 복은 무엇입니까?

요한삼서 1:2

2 사랑하는 자여 네 영혼이 잘 됨같이 네가 범사에 잘되고 강건하기를 내가 간구하노라 (요삼 1:2)

81-84. 의인과 그의 자손이 받는 복은 어떤 복입니까?

시편 37:23-26

23 여호와께서 사람의 걸음을 정하시고 그의 길을 기뻐하시나니 24 그는 넘어지나 아주 엎드러지지 아니함은 여호와께서 그의 손으로 붙드심이로다 25 내가 어려서부터 늙기까지 의인이 버림을 당하거나 그의 자손이 걸식함을 보지 못하였도다 26 그는 종일토록 은혜를 베풀고 꾸어

주니 그의 자손이 복을 받는도다 (시 37:23-26)

85. 하나님께서 자기 백성에게 어떤 복을 주십니까?

시편 29:11

11 여호와께서 자기 백성에게 힘을 주심이여 여호와께서 자기 백성에게 평강의 복을 주시리로다 (시 29:11)

86-89. 하나님이 주시는 능력과 힘은 무엇입니까?

이사야 40:28-31

28 너는 알지 못하였느냐 듣지 못하였느냐 영원하신 하나님 여호와, 땅 끝까지 창조하신 이는 피곤하지 않으시며 곤비하지 않으시며 명철이 한이 없으시며 29 피곤한 자에게는 능력을 주시며 무능한 자에게는 힘을 더하시나니 30 소년이라도 피곤하며 곤비하며 장정이라도 넘어지며 쓰러지되 31 오직 여호와를 앙망하는 자는 새 힘을 얻으리니 독수리가 날개치며 올라감 같을 것이요 달음박질하여도 곤비하지 아니하겠고 걸어가도 피곤하지 아니하리로다 (사 40:28-31)

그리스도인의 승리의 비결

05
Tefillin

90-91. 그리스도 예수 안에 있는 자를 정죄할 수 없는 이유는 무엇입니까?

로마서 8:1-2

1 그러므로 이제 그리스도 예수 안에 있는 자에게는 결코 정죄함이 없나니 2 이는 그리스도 예수 안에 있는 생명의 성령의 법이 죄와 사망의 법에서 너를 해방하였음이라 (롬 8:1-2)

92. 세상을 이기는 승리의 비결은 무엇입니까?

요한일서 5:4

4 무릇 하나님께로부터 난 자마다 세상을 이기느니라 세상을 이기는 승리는 이것이니 우리의 믿음이니라 (요일 5:4)

93. 내가 모든 것을 할 수 있는 이유는 무엇입니까?

빌립보서 4:13

13 내게 능력 주시는 자 안에서 내가 모든 것을 할 수 있느니라 (빌 4:13)

4. 축복의 말씀

94. 어떤 사람에게 능히 하지 못할 일이 없습니까?

마가복음 9:23

23 예수께서 이르시되 할 수 있거든이 무슨 말이냐 믿는 자에게는 능히 하지 못할 일이 없느니라 하시니 (막 9:23)

---

95. 우리가 시험당할 때 하나님은 어떻게 도와주십니까?

고린도전서 10:13

13 사람이 감당할 시험 밖에는 너희가 당한 것이 없나니 오직 하나님은 미쁘사 너희가 감당하지 못할 시험 당함을 허락하지 아니하시고 시험 당할 즈음에 또한 피할 길을 내사 너희로 능히 감당하게 하시느니라 (고전 10:13)

---

96. 지혜가 부족할 때 어떻게 해야 합니까?

야고보서 1:5

5 너희 중에 누구든지 지혜가 부족하거든 모든 사람에게 후히 주시고 꾸짖지 아니하시는 하나님께 구하라 그리하면 주시리라 (약 1:5)

97. 어떻게 기도응답을 받게 됩니까?

마태복음 21:22

22 너희가 기도할 때에 무엇이든지 믿고 구하는 것은 다 받으리라 하시니라 (마 21:22)

98-99. 받고, 찾고, 열리기 위해선 어떻게 해야 합니까?

마태복음 7:7-8

7 구하라 그리하면 너희에게 주실 것이요 찾으라 그리하면 찾아낼 것이요 문을 두드리라 그리하면 너희에게 열릴 것이니 8 구하는 이마다 받을 것이요 찾는 이는 찾아낼 것이요 두드리는 이에게는 열릴 것이니라 (마 7:7-8)

---

100. 우리는 어떻게 복을 이어받을 수 있습니까?

베드로전서 3:9

9 악을 악으로, 욕을 욕으로 갚지 말고 도리어 복을 빌라 이를 위하여 너희가 부르심을 받았으니 이는 복을 이어받게 하려 하심이라 (벧전 3:9)

테필린 선교후원 (Tefillin Mission Support)

"한국교회, 목회자, 성도를 살리는 길이 무엇인가?"라고 묻는다면, 분명 이렇게 말할 것입니다. "성경으로 돌아가는 것이다." 그렇다면 한 가지 질문이 더 있습니다. "어떻게 성경으로 돌아가야 하는가?"라는 질문에 그 누구도 속 시원한 대답을 하는 사람을 본 적이 없는 것 같습니다. 성경암송학교는 속시원한 대답을 드립니다. 바로「성경암송」입니다. 성경암송은 성경으로 돌아가는 첫 걸음입니다. 성경암송학교의 사역은 단순히 성경암송에 그치는 것이 아닌 한국교회와 목회자 그리고 다음세대가 말씀으로 살아나도록 말씀운동을 전개하고 격려 및 후원하는 것입니다. 「테필린 선교후원」(Tefillin Mission Support 이하 TMS)은 살리는 사역입니다. 사역에는 많은 돈이 필요합니다. 매월 일정한 돈을 떼어 테필린 선교후원자가 되십시오. 2,700여 년 전 온갖 조롱과 생명의 위협 속에서도 '하나님께로 돌아가야 한다'고 외쳤던 예레미야와 같은 심정으로 거룩한 가난을 감수할 오늘의「테필린 선교후원자」로 당신을 초청합니다.

✚ 테필린 선교후원 지출방침

① 투명하고 정직하게 사용하고 공개합니다.
② 항목이 지정된 후원금으로 각 분야를 지출합니다.
③ 각 후원금의 15% 이내에서 사역자 사례비와 성경암송학교 사역 운영비를 지출합니다.

성경암송학교(BRS) KOREA BIBLE RECITATION SCHOOL 31536 충남 아산시 서부남로 844 성경암송학교 테필린센터
홈페이지 www.amsong.kr / 전화 (041)532-0697 / 팩스 (041)532-0698

✚ 테필린 선교후원 내역

1 한국교회 살리기 후원

테필린복음의 400절을 암송하여 목회에 적용하는 교회를 지원하는 후원입니다. 3년 동안 후원하며, 첫해는 매월 30만 원, 둘째 해는 매월 20만 원, 셋째 해는 매월 10만 원을 지원하여 경제적인 후원과 함께 어려운 목회를 격려하는 후원제도입니다. 무조건 지원이 아닌 말씀암송을 실천하는 교회를 지원하는 원칙을 가지고 있습니다. 성경암송학교의 꿈은 1,000교회를 후원하는 것입니다. 만약 테필린 선교후원을 통해 1,000교회가 말씀으로 돌아가 부흥을 경험한다면 한국교회는 어떤 역사가 일어날까요? 생각만 해도 가슴이 뛰고 흥분됩니다.

■ 후원계좌 : 농협 351-0976-8111-33 예금주 성경암송학교(BRS)

2 목회자 살리기 후원

한국교회의 목회자들이 성경의 4대 핵심인 테필린복음 400절의 말씀을 완벽하게 암송하여 마음에 새기도록 지원하는 후원입니다. 목회자들이 다른 사역들을 내려놓고 말씀에 집중할 수 있도록 돕는 후원입니다. 특별히 미자립교회 목회자들이 테필린복음의 4개(구원, 헌신, 신앙계승, 축복의 과정)의 최고위과정에 참여할 수 있도록 참가비와 교통비를 후원합니다.

■ 후원계좌 : 우체국 102129-01-004418 예금주 성경암송학교(BRS)

3 다음세대 살리기 후원

크리스천 가정 속에서도 세대 간의 갈등은 깊어지고, 신앙계승은 이루어지지 않는 현실입니다. 그로 인해 모태신앙 자녀들이 교회를 떠나가고 있습니다. 해결방법은 '네 자녀에게 부지런히 가르치며'라는 쉐마에 의거하여 테필린복음을 가족들이 함께 선포하는 것입니다. 학업 중인 자녀들이 테필린복음 400절을 암송하면 테필린장학생으로 선발하여 장학증서와 함께 100만원의 장학금을 지원하는 프로그램입니다.

■ 후원계좌 : 농협 351-0976-8111-33 예금주 성경암송학교(BRS)

4 성경암송학교 테필린센터 건립후원

한국교회의 백년대계를 위한 교회 살리기, 목회자 살리기, 다음세대 살리기를 가장 시급한 것은 성경암송학교 테필린센터를 완성하는 것입니다. 강의실, 숙소, 세면장, 화장실, 쉼터, 산책로를 위해 30억의 경비가 필요합니다. 단순한 건물형태로 건축하여 경비를 절감하면서도 안전하고 편안하게 쉴 수 있는 회복과 치유의 공간으로 건축하는 것입니다.

■ 후원계좌 : 우체국 102129-01-004418 예금주 성경암송학교(BRS)

31536 충남 아산시 서부남로 844 성경암송학교 테필린센터
홈페이지 www.amsong.kr / 전화 (041)532-0697 / 팩스 (041)532-0698

최고위과정에 초대합니다

스토리텔링, 할 수 없다면 아는 것이 아니다!
아무나 할 수 있는 것이라면 난 도전조차 하지 않았을 것이다!

이런 훈련을 받아보신 적이 있습니까?
지금까지 한국의 신학교와 기관에서 이런 훈련은 없었습니다. 각 과정의 말씀(테필린복음 400절, 하브루타 330절, 말씀치유 135절, 복음전도 330절)의 말씀을 암송하여 스토리텔링하는 훈련입니다. 예수 그리스도와 스데반 집사, 그리고 찰스 스펄전, 디엘 무디, 조용기, 도슨 트로트맨, 맥스 루케이도, 브라이언 휴스턴, 빌 하이벨스 목사는 하나님의 말씀을 체계적으로 암송하여 스토리텔링으로 세계적인 교회 및 기관을 일궈냈습니다. 성경말씀을 주제별로 암송하여 스토릴텔링하는 것보다 성경적이고 강력한 설교는 없습니다.
지금 한국교회가 부흥되고 성도들이 회복되는 유일한 길은 바로 성경말씀을 완벽하게 암송하여 스토리텔링을 하는 것입니다. 지금 당신이 섬기는 교회가 부흥되고 성도들이 회복하는 기적을 체험하길 원하신다면 최고위과정에 참여하십시오. 정중히 초대합니다.

✚ 교육과정
  1. **테필린복음 최고위과정** (2박 3일 4회 구원, 헌신, 신앙계승, 축복)
  2. **하브루타 최고위과정** (2박 3일 3회 믿음, 소망, 사랑)
  3. **말씀치유 최고위과정** (3박 4일 1회 말씀치유)
  4. **복음전도 최고위과정** (2박 3일 3회 초급, 중급, 고급)
  * 각 과정은 별도이므로 선택하여 교육 받으시면 됩니다.

✚ 교육대상 : 목회자(사모) 선교사, 신학생
✚ 교육장소 : 성경암송학교 테필린센터
✚ 교 육 비 : 각 과정마다 별도의 교육비가 책정되어 있으므로 홈페이지 참조
✚ 교육내용
  1. 선택한 과정을 이수해야 합니다.
  2. 선택한 과정의 말씀을 암송하여 암송시험에 합격해야 합니다.
  3. 선택한 과정의 말씀을 암송하여 스토리텔링을 할 수 있어야 합니다.

✚ 교육특전
  1. 각 과정을 이수한 분에게는 각 과정의 최고위자격증을 수여합니다.
  2. 전국 및 해외집회의 최고의 강사로 참여할 수 있습니다.
  3. 강의교재 및 PPT 자료를 제공합니다.
  4. 전 과정을 이수한 분은 성경암송학교 지역캠퍼스 교장으로 임명합니다.
  5. 각 과정을 이수한 최고위과정의 교수들과 인적 네크워크를 구축하며 최고위과정 연장 교육에 초청을 받게 됩니다.

✚ 교육신청 : 홈페이지 www.amsong.kr / 041)532-0697

성경암송학교(BRS) KOREA BIBLE RECITATION SCHOOL 31536 충남 아산시 서부남로 844 성경암송학교 테필린센터
홈페이지 www.amsong.kr / 전화 (041)532-0697 / 팩스 (041)532-0698